待ったなし！お金をかけない
飲食店再建術
お店をよみがえらせる26の秘訣

飲食店収益改善コンサルタント
東海林 健太郎

JN186200

ペンコム

はじめに

「料理には自信があるのに、お客さまが来てくれない。このままだとお店がつぶれてしまう！」

そんな経営者の切羽詰まった声をよく耳にします。

ところが、いざ、改善を試みようとしても、何から手をつければいいのか分からないという方が少なくありません。

私は、和カフェを3店舗経営しながら十数年に渡り、全国で飲食企業の収益改善セミナーを実施してきました。受講者数は1万店舗を超え、その99％からは「現場ですぐに活用できる分かりやすい内容なので大変満足した」などのご意見をもらっています。

セミナーには、「開店したものの、お客さまが集まらない、利益が出ない」という悩みを抱えた経営者が多数参加されます。そのような経営者からは、「思うように従業員が動いてくれない、人材教育がうまくいかない」といった声も寄せられます。

セミナーで私がいつもお伝えするのが、「『料理の味』だけでは飲食業界では戦っていけませんよ」ということです。もう1つ必要な重要事項が、『経営ノウハウ』なのです。『経営ノウハウ』とは、『お店のこだわりを伝える（マーケティング）』と『損益を組み立てる（財務）』、そして、『スタッフを教育する（人材育成）』の3つです。

本書では、私が経営する店舗や実施してきた収益改善活動の実績を中心に、現場スタッフとともに検証してきた『失敗から学び成功に導くための経営ノウハウ』をお伝えしていきます。そして、「これならすぐに実行できる」と思ってもらえるところまで簡単な内容にしています。

飲食店はチーム経営です。現場のパートアルバイトに至るまで、全員が同じ方向を向いて行動しなければ結果につながりません。『簡単でないと行動してもらえない』という教訓から、現場のスタッフを巻き込み、共に取り組んでいける内容について分かりやすく書いています。

祖母からつぶれかけの喫茶店を引き継いだ元ＯＬのかえでが店舗運営で直面する26個の課題を、繁盛店の経営者まことの助言を受けながら改善点を見つけだし、解決していくスタイルをとっています。

ストーリーの順番に沿って読んでいくだけで、すぐに実践できます。
それも必要最小限の金額だけで！

本書を手に取ったあなたには、まだチャンスが残っています。

読み終えたとき、あなたのやるべきことが明確になり、『だめだったのは、こんなことができていなかったからか！』ときっと思えるはずです。
そして、あなたのお店は、必ず利益を叩きだせる店舗に生まれ変わっています。

さあ、共に戦う準備をしていきましょう！

目次

登場人物

かえで

元大手文具メーカー勤務、営業部のマドンナ。明るく人懐っこい性格。
在職中から自分のＣａｆｅを持ちたいという夢を抱く。

さくら

かえでの高校からの同級生。警察官。正義感が強く、曲がったことは嫌いで、思い立ったら猪突猛進タイプの性格。

まこと

かえでの会社の近所でＣａｆｅを経営。ゆったりとした雰囲気のお店はいつも繁盛している。温和な性格で、経営ノウハウが分かっていないかえでのよきアドバイザー。

いつき

まことの右腕的存在で、店の運営や教育は、まことがいなくても実施できる実力の持ち主。人を癒す力のあるカワイイ性格。

序章　かえで、試練の幕開け

かえで、突然、小さなお店のオーナーを引き継ぐ

「ずうっと前から、憧れのまことさんのＣａｆｅみたいなお店をやりたかったの。やっと夢が叶うんだ。この喫茶店を、私色のＣａｆｅに変えていくわ！」

かえでは、駅前にある古民家を見上げながらつぶやいた。そこは、かえでの祖母の弥生が長い間経営していた喫茶店だった。

「もうチャレンジするしかない」

そう言うと、かえではぎゅっと拳を握りしめた。

弥生が喫茶店をはじめたのは、、かえでがまだ幼いころだった。連れ合いを亡くしたことがきっかけだったが、うつむいて生きることが嫌いな弥生は一念発起し、自宅を改装して１階で喫茶店をはじめたのだった。

幼いかえでに「おばあちゃん」と呼ばれるのを嫌がった弥生は、かえでに「弥生ちゃん」と呼ばせていた。かえでも何の疑問も抱かずに、いつも「弥生ちゃんの喫茶店に遊びにいってくるね」と言って出かけるのだった。

かえでは、幼いころから弥生の喫茶店でマスコット的な存在だった。持ち前の人懐っこさで、大人たちの話を笑顔で「ふんふん」と聞いていた。何より、大人と話ができるという背伸びした環境が、かえでには心地よかった。

かえでは、いつも笑顔で会話をする弥生が大好きで、「かえでちゃんは弥生さんに似て、お話も上手で、素敵なレディね」と、お客さまに褒められる度に、笑顔の素敵な女性に成長していった。かえでの性格の大半は、弥生と喫茶店のお客さまが形成してくれたといっても過言ではないと、かえでは自覚していた。

かえでは、短大を卒業して大手文具メーカーに入社し、明るさと人懐っこさを武器に、営業部のマドンナとして10年間、バリバリと働いてきた。時折しでかすご愛嬌のミスも、マドンナゆえに職場のみんながカバーしてくれ、恵まれた環境で働くことができていた。

しかし、この先、ずっとＯＬを続けていくつもりはなかった。会社の近所にあったまことが経営するＣａｆｅに憧れを抱いていたのだ。そこは、いつ行っても居心地がよく、疲れたかえでを癒してくれる繁盛店だった。そのお店で珈琲を飲んでいると、幼いころに通い詰め、就職してからも週末だけ手伝っていた弥生の喫茶店を思い出すのだった。

そんなかえでが、ひょんなことから思い描いてきた『Ｃａｆｅを開業するという夢』を実現することになるとは、思ってもみなかった。

それは、持病の腰痛が悪化して、三カ月前から入院していた弥生を見舞いにいったかえでに、弥生がつぶやいた一言からはじまった。

「かえで……、私、あのお店を手放そうと思うんだよ」

弥生は切羽詰まった声でかえでに語りかけてきた。

「弥生ちゃん、どうしたの？　入院生活が長引いてるから弱気になったのね。おじいちゃんと一緒に暮らしていたあの場所を手放すなんて、弥生ちゃんらしくないよ」

かえでは、とても驚いた反面、今までにそんなふうに弱音を吐く弥生を見たことがなかったので、その深刻な様子に胸が痛んだ。

お店も運営できず、やむなくお店を閉め、放置した状態が続いていた。常連のお客さまも高齢者が多く、店を閉める前から客足は減り続けていた。

「おじいちゃんと一緒に過ごしたあのお店の場所を手放したくないんだけど、入院する前からお店の経営が厳しくなっていて、運転資金として銀行から借入をしていたのよ」

その話は、手伝いをしていたかえでも初耳だった。

「まだ１０００万円弱の返済が残っていて、毎月10万円近い支払があるんだけど、お店を続けていかないと、土地ごと取り上げられてしまうの。でもね、もう私は続けていく自信がなくなってしまったのよ」

かえでは、息を飲んで、弥生の話に静かに耳を傾けた。

寂しげな弥生の顔を見つめながら、かえではしばらく黙っていた。頭の中では、喫茶店に来ていたお客さまの笑顔や珈琲の香り、そして、まことのお店の居心地のよい空間が巡っていた。

かえでは弥生の手を強く握り返すと、「弥生ちゃん、大丈夫。私の想い出も詰まったあのお店は誰にも渡さないよ。私、持ち前の頑張りでお店を守ってみせる！　私は弥生ちゃんの背中を見て育ってきたから、ずっと前から密かにＣａｆｅをしたいって思ってたんだ。だから弥生ちゃん、あのお店、私に譲ってください！」と力強く声をかけた。

実はかえでには、借金を返済できる裏づけとなる資金も貯めてあった。忙しさゆえに使うこともなく、気づかぬうちに貯金が８００万円を超えていたのだ。かえでにとって渡りに船の話に、何か見えない力に背中をグッと押してもらった気がした。

かえでの言葉に勇気づけられたのか、弥生は、「本当かい！　ありがとう」と何度も頭を下げた。

ひとしきり頭を下げ終えると、弥生は、かえでに1つだけアドバイスを授けた。

「店舗運営はチャレンジの連続だからね。立ち止まらずに、チャレンジし続けてちょうだいね。今日からはあなたのお店だから、自由に作り替えていいからね」

しかし、かえでは、借金を引き受けて店舗の経営を引き継ぐことの重大さを、まだよく理解していなかった。何より月10万円の返済なら何とかなると高を括っていたのだった。

大親友、さくらに報告

店を引き継ぐ覚悟を決めた日、木枯らしを頬に受けながら、かえでは家路を急いでいた。かえでは、今の気持ちを誰かに聞いてほしかった。

そうだ、さくらに報告しておこう、とかえではさくらに電話をした。

高校時代からの大親友のさくらは、同じ短大の同じ学部で、いつも一緒に過ごしていた。短大は、かえでがさくらに付いていったというのが正しい。高校時代から弥生の店の手伝いも一緒にやっていて、かえでの家族にとっても、よき相談相手だった。

さくらは曲がったことが大嫌いで、正義感にあふれ、短大卒業後は迷わず警察学校に入学した。就職活動でフラフラしていたかえでの就職先の候補を選んだのも、さくらだった。同じ年齢でありながら、お姉さん的な存在であった。

「さくら、今、大丈夫？」

「夜勤明けで寝てた。でも、大丈夫だよ」

「実は、私、弥生ちゃんのお店を引き継ぐことにしたの」

しばしの沈黙が、驚きの大きさを物語っていた。

「ねえ、聞いてる？」

「うんわぁ、聞いてるよ！」

驚きのあまり、さくらはしどろもどろだった。

「でも、大賛成！　かえでは前向きに突き進んでいくから、きっと大丈夫だよ」

「さくらは、前向きを通り越して、猪突猛進だけどね」

電話の向こうのさくらの笑い声が、安堵を与えてくれる。

「ちょうどよかった。私、かえでに紹介していた匠と結婚することに決めたんだ」

そっちの方が衝撃大きいじゃない、とかえでは驚いた。

「でも、匠さんって、転勤してきてまだ３カ月じゃなかった？」

「直感よ！　善は急げって言うでしょう。猛アタックして付き合うことにしたの。歳も歳だし、こっちから言いだしておいてなんだけど、結婚前提で了承してもらっちゃった」

やっぱりアタックしたのは、さくらなんだと、かえでは納得した。

「さくらの人を見る眼力は昔から外れてないから、大丈夫。本当におめでとう」

「そうだ。すごいサプライズを思いついたから、今度会ったときに話すね」

そう言って、さくらは弾丸のような速さで電話を切った。

繁盛店オーナー、まことの意外な反応

かえでには、もう一人、報告しなければならない人がいた。

まことだ。

「まだお店は開いている時間だ。今日中にまことさんにこの気持ちを伝えにいかなきゃ」

かえでは、Ｃａｆｅ巡りが趣味だったが、中でもまことの店は居心地がよく、記憶にとどまる店だった。まことの店に憧れて、弥生の店を引き継いだと言っても過言ではない。

いつもと同じ席につくと、かえではカウンター内で珈琲をたてるまことに勢いよく声を

かけた。

「実は、おばあちゃんのお店を引き継ぐことにしたんです！」

かえでの声の大きさと突然の告白に、一瞬まことは驚いたが、

「それじゃあ、経営という海原に飛び込んでいく覚悟ができたってことかな」

と静かに答えた。

喜んでくれるとばかり思っていたまことの反応は、極めて冷静だった。

かえでの頭の中に、『?』が飛び交う。

「経営じゃなくて、お店を引き継ぐの」

念押しすると、まことは、「僕もいっぱい失敗をしているから、何でも相談してね。今は分からないことも多いと思うけど、これからは同志として、この荒海を航海していこう」と言ってほほ笑んだ。

「後悔?」

かえでは、まことの言う言葉の意味を理解していなかった。でも、かえでの脳裏には明るい未来が開けるイメージの方が大きく、そのときの『?』は、さほど気にならなかった。

その日は、まことにたくさんの夢を語って、かえでは満足して家路についた。

店の名は『四季彩』に

お店は、都心から1時間程度の普通電車しか止まらない駅にあった。もともと閑静な住宅街だったところに新しいマンションが建ち、居住者層も団塊の世代が中心だったころに比べて、40代前後の子育て世代が増えてきていた。

店舗は、古びてはいたが喫茶店として使っていたこともあり、改装にはさほど手間はかからなかった。庭つきの古民家は年数を重ね、庭の苔や灯篭も趣があった。春には桜が咲き、秋には紅葉が赤く染まる、駅前には珍しい風情のある空間だった。かえでは小さいときから、この空間が大好きだった。

店内も和のイメージを活かし、漆喰の壁は藁を混ぜて薄いうぐいす色の土壁に塗り替えた。木製の椅子と机は座面を低くし、天井が高く感じられるような空間作りを行った。土間を意識して床に小さい丸石を配したタイルを張り、2つある個室には行燈を配置し、掘りごたつ式でのんびりくつろいで語らえる場ができた。席数もゆったりと34席を確保した。食器は古民家に合わせた和食器で、柔らかな土を感じられるものを集めた。和風の建物の雰囲気を店舗全体で表現することができたと、かえでは大満足だった。

和みの空間で、四季を感じながら、ゆったりと食事をしてもらいたくて、かえでは、店名を『四季彩《しきさい》』と付けた。

スタッフも順調に集まり、前向きに動いてくれる人材がそろった。

さくらからのサプライズ

知人や関係者へのお披露目会であるレセプションの日の朝一に、店に飛び込んできたのは、さくらだった。

「かえで、サプライズもってきたよ」

自慢気な笑顔のさくらは、なぜかエプロン姿だった。

「今日のレセプションの練習から働かせていただきます」とかえでに向かって敬礼をした。

働かせていただきますって、敬礼されても！　とかえでは眉をひそめた。

みんなに挨拶をし、手を取って握手してまわるさくら。最後にかえでの前で、「私、結婚するので、婦人警官を辞めて、ここのお手伝いをすることに決めたの」と宣言した。

スタッフたちの驚いた顔に、「ねっ、サプライズ」とさくらは笑う。

高校時代に一緒に弥生の店を手伝っていた経験もあり、阿吽の呼吸で仕事ができることは嬉しかったが、まさか警察官を辞めてくるとは思ってもみなかった。

「フィアンセは大丈夫なの？」

さくらはウインクして、「大丈夫。相手も警察官だから、健康管理が大事だからね。いずれにしても辞めようと思っていたのよ。そんなところに、かえでから電話があったので、渡りに船よ。その日のうちに説得したから。でも、来年の結婚式と新婚旅行の間だけは休ませてもらうけどね」

「ＯＫ。心強いよ。お互い遠慮なくいこうね」

二人は抱き合い、互いの背中をなでながら、共に過ごす日々を思って喜びを噛みしめた。こうして、さくらは、四季彩の社員として働くことになった。

レセプションには、元の会社の同僚や取引先の人など、大勢の人が来て、様々な問題点を洗いだしてくれた。十分に改善できる内容だったので、スタッフ全員、安堵に包まれた。早速、改善に取りかかった。

かえで、試練の幕開け

オープン当日も多くの仲間が集まり、上々の滑りだしとなった。忙しくはあったものの、スタッフも充実感と高揚感を感じる日々を送っていた。

春先の穏やかな気候の中、桜が咲き、風に花びらが飛ばされていった。木々が新緑に色づく5月中旬以降から雲行きが怪しくなり、梅雨どきの6月にお客さまの流れがぱったりと止まった。

「最近、お客さまの数、減ってきてない？」

さくらの何気ない一言が、かえでの肩に重くのしかかった。

かえでも薄々感づいていたが、たまたま少ない日もあると、都合よく自分を納得させていた。しかし、冷静に本質を突かれると、返す言葉がなかった。

かえでは、「そうかな……」と曖昧に返事するのが精一杯だった。

「ちょっと買い物に行ってくる」

かえでは、この場にいたくなかった。

店の外に出ると、いつもと同じ賑わう人通りがあった。それなのに、なぜ入ってきてくれないのだろう。メニューも外に掲げている。他の店と比べても見劣りしない内容なのに、どうしてだろう。

駅に向かって少し歩くと、他の店はいつもと同じように賑わっていた。かえでは、知らず知らずのうちに、自分の店にお客さまが入らない理由を探していた。

そうだ。自分の店より駅から遠い店なら人が少ないはずだ。

そこにも、かえでが認めたくない現実が待ち構えていた。駅から離れたフレンチの店。いつもと同じ昼間の賑わいの中、スタッフが元気に外でお客さまの列を誘導している。四季彩の3倍以上する客単価の店だ。昼休みのサラリーマンで賑わう中華料理店、若者や子供連れが多いファーストフード店、ゆっくりと家族で食事をしているハンバーグ専門店、OLで賑わう新興イタリアン料理店など、町を歩きまわるうちに、店を覗き見るのが怖くなってきた。かえでは、いてもたってもいられなくなって、走って店に帰った。

「どうしたの、かえで！　何を買うか忘れたの？」

泣きだしそうなかえでを見て、さくらは何かを察した。

「オープンからずっと休んでないし、今日は早く帰ってゆっくりした方がいいよ」

かえでは無言でキッチンにエプロンを置くと、静かに店を後にした。

家に帰るには早すぎるし、かと言って行くところもない。かえでは、直面している現実を避けてきた自分に腹が立った。

そのとき、「分からないことも多いと思うけど、いつでも相談に乗るから」というまことの言葉が頭の中にこだました。かえでの足は駅に向かい、電車に駆け込んでいた。

頭の中が混乱し、焦るばかりで、何から手をつければいいのか分からない状態だった。近ごろはこの状態で頭がいっぱいで、ただ時間だけが過ぎていっていた。

駅からまことの店までの道のりは、ほんの5分程度なのに、かえでの足取りは重かった。

「かえでさんじゃないですか」

後ろから声をかけられて、かえでは驚いた。まことの店で働く、いつきだった。

「いつきちゃん。久しぶり……」

「どうしたんですか？　下を向いて歩いてるかえでさんを初めて見ましたよ」

かえでに元気がないのは、誰の目にも明らかだった。

「うちのお店に向かってました？　それなら、いつものように元気をだして、上を向いて歩いていきましょうよ」

いつきに背中を押されながら、かえでは店に向かった。その元気な言葉に、心の乱れも少し収まった。見慣れた店が優しく手招きしているように見える。

「まことさん、かえでさんが遊びにきてくれましたよ。私がお店番しますので、少しお話を聞いてあげてくださいね」

かえでの顔を見てまことは状況を察したのか、「久しぶりに僕が入れた珈琲、飲む？」とかえでに優しく声をかけた。かえではこくりと頷くと、言葉が口からあふれてきた。

「世の中少子化で、給与も低賃金化しているし、外食する人たちも減って困りますよね」

まことも静かに頷く。

「携帯電話やインターネットの出費も増えているから、みんな、お金を使わなくなってきていると思いませんか？」

「そうなの？」と軽く返事をし、まことは珈琲を静かに落としていく。

「お店をはじめると、山もあれば谷もありますよね。いいときばかりじゃないし」

今度は静かに、「そうだね」とつぶやいた。そして、まことは、「何から手をつければいいのか分からないんだよね」と言った。

心を突きさす言葉に、かえでは思わず涙をこぼした。店内に漂う珈琲の芳醇な香りが、かえでを優しく包み込んでゆく。

かえではしばらく、黙って泣き続けた。


「落ち着いたかい」

まことの言葉に、かえでは静かに頷いて、「このままじゃ、銀行の返済もままならないんです」と戸惑いながらつぶやいた。

第一章　お店のこだわりの伝え方

01 お店のコンセプトを作る

選択される店と選択されない店の違い

まことはゆっくりと話しはじめた。

「世の中の景気は冷え込んでいるのかもしれないし、お小遣いの使い方も変わってきているのかもしれない。でも、すべての外食のお店がなくなるわけではなく、やっぱり繁盛店も存在している」

かえでの頭に、四季彩の周りの繁盛店の映像が浮かんだ。

「要は、平均してお客さまが来なくなるのではなく、選択されるお店と選択されないお店に分かれるだけなんだ」

明らかに、四季彩は選択されない店だった。

「どうやって選択されるお店にしていけばいいんですか？」

さじを投げた感じで、かえではまことに言葉をぶつけた。

「かえでちゃんが独立の報告をするために、ここに来てくれたときのこと、覚えてる？」

かえでの頭には、『助けが必要になれば相談に乗るよ』という話しか記憶に残っていなかった。

「僕は経営の海原に飛び込んでいく覚悟ができたのかなって聞いた。かえでちゃんは、経営じゃなくてお店を引き継ぐのって答えた。かえでちゃんは、おばあちゃんの手伝いをずっとしてきたから、料理もできるし珈琲も美味しく入れられる。知らないうちに技術は手にしていた。でも、店舗を運営するには、『経営ノウハウ』が必要なんだよ。四季彩の周りにも飲食店がたくさんあるよね。お客さまは、毎日どこのお店に入ろうかと思案しながら街を歩いている。でも、入ってもらえるお店と入ってもらえないお店には、明確な違いがあるんだ」

かえでは、ドキッとした。

「そのお店と四季彩の違いって何だろう？　それは、お店のコンセプトがあるかないかだよ。四季彩のコンセプトは何？　お客さまに何を感じてほしいのかな。それが他店と差別化されるくらい磨かれていると言えるかな」

そう言えば、今日見た周りの店は外からでも何を売っている店か、しっかりと理解できた。ただ一瞬見ただけなのにとかえでは思った。改めて考えると、得意な料理を知ってもらいたかったのでメニューの食事の比重を増やしたけれど、外からは分からないし、お客さまに伝わってない気がした。かえでは、他の店との違いなんて考えたこともなかった。

「コンセプトがはっきりしていないお店には、入りにくいですよね」

かえでの頭の中が、ぱっと明るくなった。

「まずは、お店のコンセプトを作って、伝え方を考えてみてはどうだろう。ラッキーなことに、再オープン後、ほとんどのお客さまがまだ入ったことがないから、いいお店なのか悪いお店なのか分かってないはずだ。まずは伝えることからはじめればいいよ」

まことは、ほほ笑んだ。

「お店のこだわりを明確にして徹底的に磨いていこう。それから、スタッフ全員を巻き込んで考えること。押しつけではなく、みんなで作りあげたものになると、スタッフの間に守る意味がしっかりと根づくんだ。かえでちゃんの周りにはいいスタッフがいっぱいいるんだから、信用して、一緒にお店を成長させていけばいいんだよ。最後に……」

「まだあるんですか？」

かえでに少し元気が戻ると、図々しさが顔を覗かせた。

「これが今日の最後。自信の裏返しは何？」

「そりゃあ、不安ですよ」

「そうだよね。不安は先が見えないから起こる。でも、考えてみれば、先のことなんて誰にも見えないんだよ。でも、踏みださずにいると、いつまでたっても今の場所のまま、不安を消すことはできない。だから、間違ってもいいから、一歩を踏みだす勇気が必要なんだ。そこには失敗もたくさんあるけど、失敗を認めて次に踏みだしていくこと、自分の勇気を信じることが自信につながっていくんだ。恐れずにチャレンジを続けていこう」

「チャレンジ。その言葉、弥生ちゃんにも言われました……」

「経営は、優先順位を決めてチャレンジすることの連続なんだよ」

「すっきりしました。まずはコンセプト作りからチャレンジします。経営のことは何も分かっていないことを痛感しました。これからも相談に乗ってもらえますか？」

すがるような瞳のかえでに、まことは、「前にも言っただろう？　これからは同志だって。遠慮せずに相談にくればいいよ」と言った。

こんなにも身近なところに、大きな心の支えがいたことに、かえでは感謝の気持ちで胸がいっぱいになり、今度は喜びの涙がこぼれた。


すっかり笑顔を取り戻したかえでは、帰りの道のりを顔を上げて大股で闊歩していた。

『お店が目指す方向性』や『お客さまに感じてほしいもの』をコンセプトにする

「ただいま！」

「あれ、かえで、家に帰ったんじゃないの」

さっきの泣きだしそうな表情と打って変わって、顔いっぱいに笑顔を取り戻したかえでが、店の入口に立っていた。

「さくら、私たちに足りないのは、経営ノウハウよ」

自信たっぷりに言いきるかえでに、さくらは面食らい、「そっ、そうなの。でも、経営ノウハウって何？」と目を丸くした。

「経営ってやること多そうだけど、何からはじめればいいの？」とさくらが聞いた。

「まずは、お店のコンセプトを決めるの。お店が目指している方向性やお客さまに感じてほしいもの。何より、それが他のお店と差別化されているかってことが大事」

「うちのお店のコンセプトって何？」というさくらの問いに、かえでは小首を傾げた。

「実は、考えたことがなかったの。だけど、私がこだわっているものを考えてみると、目の前がパッと開けたの。引き継ぐ前から、ここでお店をやりたいって思っていたきっかけは、この空間にあるって。さくら、高校時代にここでバイトしていたとき、居心地よくなかった？　弥生ちゃんの人柄もあったと思うけど、ごちゃごちゃした駅前で、ここだけに静かな時間が流れていた気がするの」

かえでに言われて、さくらも確かにそうだと思った。駅前にある他の店は、流行ってはいるけれども、どこか席のゆとりがなく、早く出ていかないといけない雰囲気があった。でも、ゆったりとした空間の弥生の店には、静かな時間が流れていた。だから、近所の人の憩いの場となり、一人で来るお客さまも多かった。

「ここに来ると、お客さまも時間を楽しんでいたせいか優しい空気が流れていたわよね」

「コンセプトの1つは、それだと思うの」とかえでは目を輝かせた。

「ゆったりとした空間で、お客さまに憩いを楽しんでもらう」とさくらが頷く。

「もう1つは、体の中から元気になってもらうためのヘルシーな食事とスイーツを提供すること。料理ができるから意識していなかったけど、何でこのメニューにしたのか考え直してみたの。せっかくお客さまに食べていただく食事なんだから、栄養バランスが取れて、カロリーを抑えたヘルシーな食事で、体の中からお客さまの健康をサポートしていきたいって思ってたの」

　料理は、山形産の白米に発芽玄米と季節の根菜を混ぜたご飯に、豆類と野菜をふんだんに使った農家の食卓といったヘルシーなおかずが中心だった。スイーツも、豆乳を使ったなめらかプリンや、カロリーが低めで自然から生まれたわらびもち、放牧で育てられたジャージー牛から取れる脂肪分が少ない牛乳で作った口当たりのよいソフトクリームなど、こだわったものが多かった。

「ゆったりとした空間の中で、体の中から健康をサポートするお店か。納得」

　さくらの頭の中のモヤモヤが晴れた。

「かえで、すごいね。ところで、何でそんなに急に変身できたの？」

「街を歩いていたら、独立の報告に行ったときにまことさんに言われた言葉が頭をよぎったの。『いつでも相談に乗るから』って。気づいたら、まことさんのお店に向かってたの」

さくらはそれを聞いて内心ホッとした。さくら自身、今の状況を理解していても、どう対応すればいいのか見当がついていなかった。それが歯がゆく、モヤモヤした気持ちを拭えないでいた。

「コンセプトが決まってなかったから、みんなバラバラでまとまりがなくて、お客さまに違和感を与えていたんだね」とかえでは力強く語った。

「私もそう思う。周りの意見に左右されて迷っちゃうし、何が正しいのか分からなくなっていたのよね。反省」とさくらは自分の頭をポンと叩いた。

「方向性が定まっていないから、何も伝えることができていなかったし、お客さまもただ食事をして帰るだけで、面白味も癒しも感じなかったんだと思う」

かえでは、未来に明かりが照らされた気がした。かえでは続けた。

コンセプトは差別化されるまで磨く

「コンセプトが決まったら、お客さまから見て他店と差別化されるまで磨くこと。後は、それを、どうやってお客さまに伝えていくかって、まことさんが言ってた」

「伝え方か～。何も言わないとお客さまだって分からないし、理解されないとただの食事になっちゃうもんね」とさくら。

「お客さまは、店に入ったことがなければ全然分からない。駅前でこんなに人通りがあるのに入ってもらえないのは、理解されていないからだと思うの」

「コンセプト磨きは、かえでに任せた。お客さまへの伝え方は、明日、私がまことさんのお店に行って聞いてくる。いいアドバイスがもらえそうな気がするから」

方向性が定まったかえでとさくらは、持ち前の行動力を発揮して、次を見据えた。かえでは、体に優しくヘルシーなメニューの見直しに取りかかった。揚げ物をなくし、油の少ないメニューに作り替えることにした。


翌日、さくらは、アドバイスをもらうつもりで、まことの店に意気揚々と出かけたが、新たな宿題をもらうことになるとは、このときは知る由もなかった。

ポイント　お店のコンセプトを作る

●店の目指す方向性、お客さまに感じてほしいもの（コンセプト）を明確にする。
●商圏内ではどこにも負けないくらい、他店との差別化に磨きをかける。

02 客層を絞り込み、コンセプトを伝える

一番来てほしい客層と一番食べてほしいものを決める

「こんにちはー、まことさん！」

さくらは勢いよく店に飛び込んだ。その声に、店内の客が一斉にさくらの方を見た。

「あれ、今日は一人？」

さくらは、いつもかえでに連れられてまことの店に来ていた。来る度に、まことのさり気ない心遣いに触れ、長居しては店の雰囲気を楽しんでいた。

「かえでは、コンセプトを磨くために、新しい取り組みに挑んでいます」

「それじゃあ、コンセプトは決まったんだね」

「四季彩のコンセプトは、『ゆったりとした空間の中で、体の中から健康をサポートするお店』に決まりました」とさくらは胸を張った。

「いいね。ガヤガヤとした駅前にあるのに、古民家を利用しているので、お庭を楽しみながらゆったりと過ごせる。何より、弥生さん仕込みのかえでちゃんの料理の腕前は、僕も太鼓判を押すよ」

「コンセプト磨きはかえでに任せて、私は、お客さまにどう伝えていけばいいのかにつ

いて、ヒントをもらおうと思ってきました」

そう言うと、さくらはよろしくお願いしますとばかりに、まことに頭を下げた。

「それじゃあ、次のステージの宿題を一緒に考えてみようか」

「宿題じゃなくて、伝え方を教えてもらいにきたんですけど」

「伝え方を知る前に、一番来てほしい客層はどこなのかを決めなきゃだめだ。そして、その人たちに一番何を食べてほしいのか。それを考えてみよう」

さくらは、まことが言う意味が理解できず、困惑した表情を浮かべた。

「一番来てほしい客層って言いますけど、来る者拒まずで、みんなに来てほしいし、まことさんも太鼓判を押すように、かえでの料理はどれも美味しいって分かってるじゃないですか」

まことは、すべて分かったような笑顔を見せながら続けた。

「どのお店でも、オープンするときに、まずい料理を提供しようなんて考えないよね」

「当り前ですよ！　そんなことしたら、悪い評判が立ってすぐにつぶれちゃいます」

「だったら、どこに行っても美味しい料理が食べられて、みんなの頭にそのお店で食べた料理の記憶が残っていると思わない？　さくらちゃん、ちょっと手帳を見て。２週間ほどの間に誰かと外食してない？」

さくらは手帳を開くと、ページを遡った。

「1カ月前に、前の職場の仲間とCａｆｅで2時間ほどお茶したわ」

「そのとき、どんな話をした？」

「頭が大きくてヘルメットが入らなかった先輩の警察官がお見合いをして、10歳も年下の薬剤師の人と結婚することが決まって、みんなでびっくりしたって話でした」

「すごく鮮明に覚えているね。ところで、そのお店で何を注文したの？」

さくらは天井を見上げながら、「確かドリンクだけだったと思うんだけど、何だったかな～」と眉間にしわを寄せた。

「ほとんどの人が何を飲食したかを覚えていないものなんだよ。でも、その空間での会話は記憶に残りやすい。みんな会話をしながら、話している内容の情景や対象の人の顔を頭の中で思い出したりしているので、記憶に残るんだね」

まことは、自分の頭を軽く叩いた。

お客さまの記憶に残る伝え方

「さくらちゃんは、うちのお店に来たら何が食べたい？」

「それはもう、特製のマヨネーズの酸味が利いていて、フワッフワの卵たっぷりのサンドイッチに、北海道産で何もつけなくても甘味が感じられるじゃがいものインカのめざめが添えられた、『大地の恵サンド』に決まってるじゃないですか」

満悦した表情で、さくらは自信たっぷりに答えた。

「さくらちゃんなら、うちのスタッフとしてすぐに働いてもらえるよ」

まことといつきは、鼻高々のさくらをにこやかに見つめた。

「さくらさんが言ったその言葉が、私たちがいつもお客さまに伝えている言葉なんですよ。何でも美味しいですよと伝えて、お客さまが商品を選んで、何も語らずに食べてもらうだけでは詳しい情報なんて記憶に残らないと思うんですよ」

いつきが答える。

「うちのお店のメニューで、他に好きなものあるかな？」とまことがさくらに尋ねた。

「野菜の水分だけで仕上げる甘味たっぷりのトロトロヘルシーカレーでしょ、北海道産の生クリームをうにで伸ばしたフェトチーネも最高だし、そうそう、チキンベースの出汁で炊きこんだご飯にトロットロの半熟卵を乗せてデミグラスソースをかけた黄金のオムライスも捨てがたいわ〜」

「そこまでうちの料理を愛してくれていて嬉しいよ。ありがとう」

さくらも、思いのほかスラスラと言葉が出てくることに驚いた。

「さくらちゃん、その言葉は自分で考えたのかな？」

まことの言葉に、さくらはあることに気づいた。

「そう言えば、最初にかえでに連れてこられたときに、このお店はこれが絶品なのよってすすめられたのが、フワッフワ卵のサンドイッチだったんだ。ほんとにその通りで、一気に虜になったの。かえでは、これだけじゃないのよって言って、他のメニューも説明してくれたの。どれも説明を超えた風味で満足して、通ううちにはまっちゃったんだ」

「かえでちゃんにその言葉を最初に伝えたのは、うちのスタッフなんだよ。お客さまの記憶に残らないと次回の来店は望みにくい。だって、どこも同じように美味しい料理で戦っているんだから、それを伝えて実際に美味しさを感じてもらえたお店に再来店のチャンスが訪れるんだ。だから、記憶に残してもらいやすいように、『このお店に来たら、まずはこれを食べなきゃだめ』ってきちんと伝えないとだめなんだよ。その商品に納得してもらえると、他の料理も食べたくなって、伝えなくても勝手に広がるから」

さくらは納得し、そこまで考えてサービスしていることに驚いた。

客層を絞るとお客さまが来店しやすくなる

「一番来てほしい客層についてなんですけど、それを決めるのってお店のエゴのような気がするんですけど」

まことに言葉を投げた後、さくらはわくわくしながら返ってくる言葉を待った。

「客層を決めたからって、それ以外のお客さまが来なくていいってことじゃないんだよ。来ていただけるお客さまは、本当に感謝の気持ちでお迎えしているし」

「だったら決めなくてもいいんじゃないですか」

「客層をしっかりと決めた方が、お客さまは来店しやすくなるんだよ。さくらちゃんはうちのお店によく通ってくれているけど、どんなお客さまが多いと思う？」

「女性が、圧倒的に多いですよね」とさくらは即答した。

「何歳くらいの年齢が多いだろう？」

少し考えながら、さくらは店の中を見まわした。

「20代から、私たちと同じような30代かな」

「そう！　うちのお店はオフィス街にあるので、若いＯＬさんたちにくつろいでもらえるようにお店を作り込んだのさ。若い女性誌中心の雑誌をそろえて一人でも入りやすくしたのと、冷房を気にする人が多いのでひざかけを用意したり、荷物が汚れないように籠を用意したり、鞄かけのフックを取りつけたり、おしぼりも柄物で可愛いものにしたり。客層を決めることで、店舗の方向性を明確にすることができたのさ。最近では、全席に電源を設置して充電できるようにしたんだ」

この店には随所に、女性が何気なく手に取ったり眺めたりできる工夫が施されていた。

「でも、昼間は男性サラリーマンも多いじゃないですか」

「ほとんどの男性は、最初、女性に連れられて来てくれるんだよ。ゆっくりくつろげる空間が心地よいことを知って、商談や打合せで使ってくれるようになったのさ。でも、みんなに来てほしいと思ってお店を作ると、誰にとってもぼやけたお店になって記憶に残りにくくなる。方向性が明確になると、伝えやすくなるのさ。まずは、うちのお店に来たらこれというメニューを作り、それをどの客層に利用してもらいたいのかを考えてごらん。それができたら、次は商圏の話と他店との戦い方の話をするから」

帰り際には、さくらも根拠のない自信に満ちていた。

店に戻ると、かえでが、さくらに駆け寄った。
「伝え方、見つかった？」
「それなんだけど、新たに宿題をもらっちゃった」
思いもよらないさくらの回答にキョトンとするかえでに、さくらは自信たっぷりに、まことに言われた宿題の必要性を熱く語った。かえでも、次の宿題に想いを巡らせながら、伝え方については、すでにどこかに飛んでいっていた。

新しいマンションが立ち並ぶ新興の住宅街であり、役所の住民情報を調べた結果、小さな子供を持つ40代前後のファミリー層が多いことが分かり、かえでとさくらは、子供連れでもゆったりとくつろげる店作りをすることに注力した。幼児でも安心して食べられるように、安全にこだわって、農家から直接食材を届けてもらうようにした。

鶏ミンチ肉とおから、豆腐、根菜を混ぜ合わせ、フワフワに焼きあげたヘルシー根菜ハンバーグを一押しメニューに決めた。根菜ハンバーグにかける餡は、昆布とかつおから取った出汁をベースに、五種豆をふんだんに入れ、餡だけをご飯にかけて食べる人が出るほどの人気メニューになった。

ご飯と出汁から作るお味噌汁はおかわり自由にしたため、子供連れのお母さんに好評だった。ドリンクも付けて、食事の後もお母さん同士が会話を楽しめるようにした。

内容を1つひとつ楽しみながら組みあげていけることに喜びを感じはじめたかえでとさくらの顔には、自然と笑顔があふれるようになっていた。

ポイント　**客層を絞り込み、コンセプトを伝える**

- 「何がどう美味しいのか」を明確に伝えると、記憶に残りやすくなる。
- 客層を設定することで、店の方向性とお客さまの利用目的を明確にしやすい。
- 客層を絞ることによって、その客層に連れられてくる他の客層に広がる。

03 商圏を知って、地域一番店を目指す

徒歩生活者がターゲットの商圏範囲は、お店を中心に半径500m

かえではまことの店に向かっていた。客層が定まり、売りの商品が決まったせいもあって、足取りは軽かった。

「こんにちは！」

相変わらずテンションが高く、大きな声のかえでに苦笑しながらも、元気を取り戻した姿を見て、まことは喜びを感じていた。

「おっ、現れたな。ちょっと片づけるから、そこに座っていて」

片づけを終え、かえでの前に珈琲を出したまことは口を開いた。

「今日は商圏とその中での戦い方について話していくね」

珈琲の酸味を味わいながら、かえでは、頭の中をクリアにして、まことの話に集中した。

「四季彩のお客さまは、どの辺から来てくれるかな？」

かえでの頭に元同僚の顔が浮かんだ。

「電車で1時間くらいかけて来てくれる友人もいます」

「それは嬉しいね。その人は、どれくらいの頻度で来てくれる？」

「1カ月か、1カ月半に一度のペースです」

「それじゃあ、いつも通ってくれるお客さまはいる？」

「近所のママさんたちと近所で働いている女性ですね。週に一、二度利用してくれます」

「近所のお客さまの方が利用してもらいやすいし、必然的に利用頻度は増えるよね？」

確かにそうだ。でもその範囲が分からなくて、かえでは販促に二の足を踏んでいた。

「四季彩は駅に近いから、周辺に住んでいる人や働いている人は、だいたい歩いて行動しているよね。その人たちをターゲットにした商圏範囲は、お店を中心に半径５００ｍなんだ。それが、人が一番活動する行動範囲になる。郊外にある駐車場つきのお店になると、その範囲が半径２ｋｍになるんだけどね」

「半径５００ｍですか。意外と狭いんですね」

「半径５００ｍというと、歩くと10分。端から端までだと１ｋｍあるから、20分の範囲になる。そう考えると結構広いと思わない？」

「そうですね。昼食に出かけるのに片道10分で往復すると、60分休憩のうち40分しか食事の時間が取れないですもんね」

かえでは、自分の店を中心にして、10分で歩いていける範囲を想像した。よく利用してもらう会社や、弥生が経営していたころの常連のお客さまの家もその範囲が多い。

「逆に範囲が狭いからこそ、効率的にお客さまを囲い込めて、最大の効果を発揮しやすいんだ。範囲が狭いことが分かれば、業者に頼まなくても自分たちでポスティング（チラシをポストに入れること）したり、近所の企業の訪問もしやすい。四季彩がラッキーなのは、周りに集合マンションが多いこと。ポスティングするにも、一軒家を中心に1000件配ると4時間近くかかるけど、集合マンションだと1時間で配れるから効率がいい」

やっぱり私はラッキーガールなのだ！　とかえでは心の中で叫んだ。

「近くだからこそ、お客さまも遠くへ出かけていく必要がないので、告知につけるインセンティブ（特典）の内容が小さくても反応してもらいやすい。遠くから来てもらおうとすると、範囲が広がるので費用もかかるし、わざわざ足を運んでもらう動機づけとなるインセンティブの内容も大きくしないといけない。それに、遠くから来るので、一時利用で終わってしまう可能性が高くなる。骨折り損のくたびれ儲けってわけ」

かえでの頭の中に、まことの言葉が浸透していく。

一次商圏の人を囲い込む

「この小さい商圏をさらに細分化すると……」

「まだ細かくするんですか？」

「そうだよ、さらに効果を高めないとね。この半径５００ｍの範囲の中でも、一番狙わないといけない地域がある」

かえでは食い入るように、まことに顔を近づけた。

「人の行動を考えると、会社で働いている人は駅に向かって行動し、家にいる人はよく利用するスーパーに向かって行動している。車を利用する場合は、通勤を行う方向と大型の商業施設の方向。その反対側に住む、働いている地域の人をまず囲い込んでいくんだ」

「どういうことですか？」

「四季彩を例に説明すると、お店を中心に半径５００ｍの円を描いて、駅の方向に向かって矢印を入れる。その反対側の半円が一次商圏。ここがもっとも囲い込む必要がある範囲だ。その範囲は、駅に向かって行動する人が多いので、必然的に四季彩の近くを通って駅に向かう。だから、告知をすると、四季彩がどの辺りにあるのかを認識しやすい。つまり、通い慣れた道だから探しやすいということ。２番目の範囲である二次商圏は、お店から駅までの間。この範囲の人たちが四季彩に行くには、行動する方向（駅へ向かう）の反対側に進む必要があるため、少し足が向きにくくなる。会社勤めの人で、帰りにお店に行くと考えると、駅に向かう道の反対に進むことになるから、駅がより遠くになって嫌がられる。最後に駅の反対側。この人たちは、駅を越えてくる必要があり、普段は駅との間

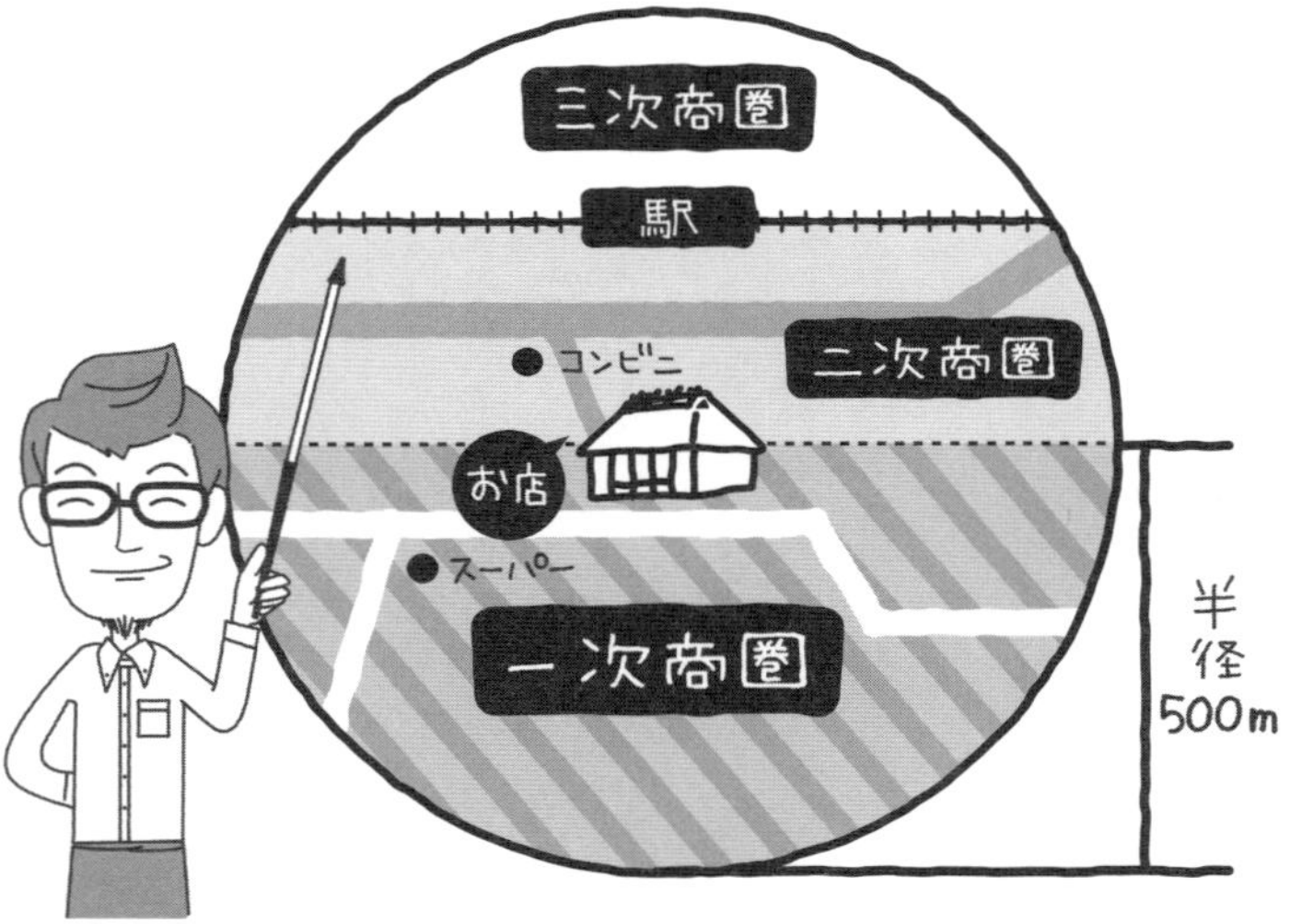

・人は、駅に向かって行動を行うため、商圏の中でも駅に向かって自店の反対側が、一次商圏になる。

・車利用の店舗は（商圏が半径２ｋｍ）、大きな商業施設の導線上の道が狙い目となる。

・商圏内であっても、川や線路を隔てた地域からの来店は見込めない。

商圏範囲を知る

で行動をしているため、駅の反対側の土地勘は低く、駅を越えてくるとこれも駅から遠ざかるので、より嫌がられる。この範囲が三次商圏になるんだ」

「まことさんって、そんなことも考えて活動していたんですか？」

「そりゃそうさ！　僕が出店したときには、すでにこの地域の人々に支持されて店舗経営をやってきた人が周りにたくさんいたからね。その人たちのお店に勝ってお客さまに選んでもらうには、最初に差別化できるものを明確にしなきゃならないんだ。後発組は効率的に告知しないと、資金もすぐに底をつくからね」

その言葉は、かえでの胸にグサッと突き刺さった。

「私、何も考えてなかった」

ぽつりとつぶやいたかえでの一言に、まことはすかさず、「ほとんどのお店の人は、技術があれば独立できると思っているから、考えて仕掛けたもの勝ちなんだよ。四季彩ははじまったばかりだから、ここから巻き返していけば大丈夫」とフォローを入れた。

根が単純なかえでは、すぐに元気モードのスイッチが入った。

地域の一番店を目指す

「商圏は見えてきましたけど、次に何をすればいいんですか？」

「商圏範囲のお客さまは、今は四季彩以外で食事をしているんだよね」

「確実にそっちに奪われていると思うんです」

まことは大きく後ろにのけ反って笑った。

「何がおかしいんですか！」とかえではむきになった。

「四季彩の方が後から出店したんだろう。奪われているんじゃなくて、知られてないんだよ。まずはお客さまに知っていただいて、来てもらわないと話にならないってこと」

戦いを仕掛ける前に知られていない状況なのだと、かえでは改めて初歩的なことに気づいて赤面した。

「話を戻すと、その商圏の範囲のお店に行ったことがあるかっていうこと」

かえでは、外から見たことはあっても、中に入って食事をしたことはなかった。

「まずは近所のお店に定期的に食事に行って、よい面とこだわりを見つけだしてみて。よい面が分かれば、それを超える方法を考えなくてはいけない。それを超えない限り、お客さまは自分のお店には来てくれないからね。その地域で一番のお店になっていれば、少々景気が後退しても影響は少なくてすむのさ」

「景気に左右されない？」

「よく外食比率が減ったと言われるよね。サラリーマンの小遣いが20％減ったとか。それは20％売上が減るんじゃなくて、行く回数が減るために選択されないお店が増えて、その範囲に入ったお店は20％どころじゃなく50％近く売上が沈みこむことになるんだ。でも地域の中で親しまれているお店は常に上位で選ばれ続けるから、景気動向に左右されにくい。要は、選択されるお店になっているかということさ」

自分たちの独りよがりをお客さまに押しつけ、周りの店も見ないで店舗運営を行ってきたことを振り返って、かえでは情けなくなった。

「かえでちゃん、反省しているでしょ？　でもまだ早い。ほとんどのお客さまは、四季彩の存在を知らないのだから、他のお店の競合店にすらなっていないんだよ」

「まことさん、ひどいですよ。先に教えてくれればよかったのに」

「課題はまだまだたくさんあるんだから、一歩一歩着実に前に進んでいこう」

まことの言葉に、かえでは大きく頷いた。

次の日から、かえでとさくらは、周辺の店の調査に取りかかった。まことが言うように、美味しい店と特徴のある店は多いけれど、それをお客さまの記憶に残す取り組みをしているところは案外少ないことが見えてきた。その中で光る店を選び、そこを超えるための取り組みを開始した。

目指すべき地域一番を掲げて、一歩踏みだしたのである。

ポイント

商圏を知って、地域一番店を目指す

●徒歩生活が主の地域の商圏範囲は、店を中心に半径５００m、徒歩10分圏内と考える。

●駅に向かって反対側の半円がもっとも囲い込むべき一次商圏、店から駅までが二次商圏、駅の反対側が三次商圏となる。

●商圏は狭いほど効果的に販促が実施でき、インセンティブの内容も小さくできる。

●商圏内の同業者の一番店を超えてこそ、地域の中で選ばれる店舗になる。

04 ３秒で理解できる入口の作り方

３秒で理解できてこそ、お客さまは足を止めてくれる

「さくらさん、お店の外でウロウロしている男性がいるんですけど」

スタッフに声をかけられ、正義感の強いさくらは、勢いよく店の外に飛びだした。

「あれ、まことさん！　ここで何してるんですか？」

店の入口に、まことが立っていた。

「今日は二人の応援にきたんだ。次のステージの話もしておこうと思ってね」

さくらに先導されて、まことは入口の門をくぐり、石畳の先にある店舗のドアを開けて中に入った。厨房ではかえでが調理をしていた。さくらは厨房のかえでに声をかけた。

「かえで、まことさんが遊びにきてくれたわよ」

かえでが厨房から飛びだしてきた。

「まことさん、食事を作りますから、食べて待っていてもらえますか」

「では、お言葉に甘えて食事させてもらおうかな」とまことは答えた。

落ち着いた雰囲気の個室に通されたまことは、庭を眺めながら待っていた。待ちながら、いい空間だと思う気持ちと、もったいないと思う気持ちが交錯していた。

やがて、かえでの作った食事が運ばれてきた。まことはそれをゆっくりと食べ終えると、納得の笑みを浮かべた。食事の後に出てきたハーブティーを味わいながら二人を待った。

しばらくして、かえでとさくらが個室に入ってきた。

「スタッフが、外に不審者がいるって言うから、飛びだしたんですよ」とさくらはまことに語りかけた。

「入口の表現がどうなっているのかを見ていただけなんだけど」

かえでがすかさず、「で、どうでした」と目を輝かせた。

「どう表現したらいいのか、迷ってるね！」

かえでとさくらは顔を見合わせながら、互いに大きく頷いた。

「今日の課題は、お店で話した方が分かりやすい内容なんだ」

かえでは、疑問に思っていたことを、まことにぶつけた。

「まことさんに言われたことを1つずつこなして、一度来ていただいたお客さまにはリピートしてもらって、来客数は徐々に増えているんだけど、まだまだ暇な状態は脱してないんです。どうしてだろう。繰り返し来てくださるお客さまは、ゆったりと落ち着いた空間で、ヘルシーな食事が食べられるいい店だって言ってくれるのに」

「入口を見れば、だいたいのことは分かるよ」

まことは、お見通しといった表情で答えた。

「入口に1枚もののメニューのコピーを置いてあるんだけど、いまいち料理のことがお客さまに伝わってないように思うんです」とかえでは自分に言い聞かせるようにつぶやいた。

「あれじゃあ伝わらないよ。二人とも毎日お店に来ているから、どんなお店か分かってるけど、ほとんどのお客さまは入ったことがないから、何をやっているお店なのかまったく分からないよね」

かえでは入口に目をやってうなだれた。

「かえでちゃんが昼の食事に行くとしよう。歩きながらお店を探しているときに、遠くから入口にあるメニューを見て、中身を理解できる？」と、まことはストレートに尋ねた。

「立ち止まったら分かるかもしれないけど……」

「1枚にこれだけたくさんのものが書かれていたら、じっくり読まないと分からない。ほとんどの人は歩きながらお店を探しているので、わざわざ立ち止まってくれない。だから、歩きながら遠くから見ても3秒で理解できる入口作りが必要なんだ」

「3秒！」

かえでとさくらは、声を合わせて叫んだ。

「そう。3秒で理解できてこそ、お客さまは初めて足を止めてくれる」とまことは声を大きくした。

頭を抱えるかえでを横目に、まことは続けた。

入口に必要な3つの表現

「四季彩の入口にはもう1つ、大きな売りのポイントが消されている」

「その答えは！」とさくらが急かすように言った。

「ゆったりとした空間を感じられる庭だ。この庭は、入口の石畳を通って店内の奥に広がっているから、外からは見えない。ガヤガヤとした駅前の景観の中で、こんなにくつろげる空間は珍しい。なのに、それが入口でまったく表現されていない。お客さまはそれを知らないまま通り過ぎてしまって、選ばれないお店になってるんだ」

さくらが、「どうすれば分かりやすくなるんだろう」と、まことに尋ねた。

「遠くから見ても一瞬で判断できるように、入口には3つのことが表現されていないといけないんだ。1つめは、中の空間のイメージ。個室でゆっくり語れるのか、大人数でも入れる大きな部屋があるのか。このお店のように、広々とした庭でゆったりとした空間を楽しめるなど、大きな写真で目を引くようにしておくべきだね。2つめは、その空間の中で店舗がこだわっているもの。このお店なら、近所の農家の方が栽培している安全な食材で作ったヘルシーなメニュー。3つめが、そのメニューをいくらで売っているかの金額表記。代表的なメニューだけでいい」

かえでは、目の前のもやが晴れたように、「なるほど〜」とつぶやいた。

「これだけじゃないんだ。今から二人のどちらかを外に連れだそうと思ってるんだ」

さくらは、すかさず、「私、私。かえでは調理をしないといけないから、今から抜けるのは無理でしょ。私は、スタッフに任せて抜けても大丈夫」とかえでを押しのけた。

かえでは、悔しそうに、「どこに行くかだけでも教えていただけませんか？」と、すねたときの敬語口調で尋ねた。

「大手チェーンを何店舗かまわろうと思ってる。大手は店舗数が多い分、統一したオペレーションで、入店して間もないパート・アルバイトさんでも販売できるように、２つの見せ方戦略を行っているんだ」

さくらの頭に『？』が浮かんだ。

「それは『入店を促す入口の作り方』と『客単価を上げていくメニューの作り方』。これは誰にでも見える戦略なので、うちのような個店でも十分活用ができるんだよ」

「すっごく興味あります」

さくらは、目を輝かせながら、すでにまことの腕を掴んで立ちあがろうとしていた。

「さくら、しっかり答えを持ち帰ってね！」

かえでの言葉を最後まで聞かず、さくらはまことの手を引いて、外に向かっていた。

「見せ方戦略か〜。そうだよね、うちのお店、外を通るお客さまに理解されにくいから、見過ごされているんだもんね。新しい発見があるかも」

そう思いながら、かえでもお客さま目線で改めて店の入口から周りを見渡し、アイデアを考えてみることにした。

ポイント　3秒で理解できる入口の作り方

●歩くお客さまが3秒で理解できる入口作りを心がける。
●入口では『中の雰囲気』『こだわりのメニュー』『価格』を表現する。

05 チェーン店に学ぶ入口の見せ方

お店の特徴を全面に出す

まことは、駅に近いカレー専門のチェーン店の前で立ち止まった。

「このカレー専門店、メニューが多いよね。トッピングもたくさんあるし。選択の幅が広い。でも入口のタペストリーを見てごらん。今の季節の野菜がトッピングされたカレーだけが大きく表現されていて、パッと見て何が売りか分かるだろう」

「確かに。メニューを絞り込んでいますね」

「絞り込むことで季節感も打ちだせて、変化が感じられる工夫をしているんだ」

さくらは店の前を通り過ぎながら、無意識に変化を感じていた理由が見えた気がした。

さくらは感心しながらタペストリーをまじまじと見つめた。遠くからまことが、「さくらちゃん、次のお店に行くよ」と呼ぶ声がした。

さくらは小走りでまことに追いついた。

「次は駅の反対側の居酒屋チェーン店に行ってみよう」とまことは言った。

線路をくぐって、駅の反対側に出る。同じ駅に通いながら、反対側の店舗はあまり意識していなかったとさくらは思った。

2階にある串カツ屋のチェーン店は、外から見ても安さが全面に表現されていた。

「でっかい看板。串カツの絵が大きく描かれていて80円〜なんて、すごく安い」

「入口で安さを全面に出して、入店しやすい状況を作っているんだ。同じようなやり方は、牛丼店がのぼりを使ったり、ハンバーガーチェーンが100円のハンバーガーを全面に打ちだしたりしている。入口作りは、どこも力を入れているのが分かるだろう」

「いつも気にしないで見ていました」

さくらは、無意識に入口から引き込まれていた行動心理の仕組みを知って驚いた。

異業種の呼び込みテクニックを学ぶ

「次は異業種の入口だ」

「飲食店に異業種の販促が役に立つんですか？」

まことは、半信半疑のさくらに手招きしながら、隣のスーパーの入口に入っていった。

「入口に大きく貼られたチラシを見てごらん」

「モヤシ1円、納豆1円！ すごーい。このスーパー、近所でも安売りで有名です。定期的にこのチラシが新聞折り込みで入るんです」

「でも、モヤシだけを買いにくるお客さまなんていないよね。これは他の商品を買ってもらうための呼び込み商品で、お店にとっては痛手にならないようになっているんだ」

「毎日1円のものを売っていて、痛手にならないんですか」

「からくりがあるんだ。1円の商品は、あるルールに基づいて表現されているのさ」

「ルール？」

「普段40～50円で売られている日用品に驚きのプライスを付けているんだよ。簡単に言うと、一番安い価格の商品群のものに驚きの価格を付けて表現するのさ。すると、お店側は全体の買い物金額の中で、最大でも50円程度の値引きでお客さまの数を呼び込める。そして、1円と表現することで、他の商品も安いと感じさせることができるんだ」

さくらの頭には、このスーパーのイメージは、すでに安売り店と刷り込まれていた。

「次は、そこの花屋さん」

花屋の前には鉢植えが置いてあった。

「まことさん、分かりました。入口に１００円のいろんな種類の鉢植えが並べられていて、入りやすさを演出していますね」

「さすが、飲み込みが早い！　向かいのドラッグストアはどうかな？」

「夏に向けて、ペットボトルのお水や日用品のティッシュペーパーを安く見せています」

「その調子。隣の電気店は、電池やＯＡ用紙を前に出している。異業種の人たちは、同じような商品を売りながら、自分たちのお店に足を運んで買ってもらうために、入口に入りやすい仕掛けをしているんだ。異業種の店も見方を変えると勉強になるだろう。携帯で写真を撮っておいて、次の販促に活かせばいいよ」

まことはゆっくりと歩きだすと、「次は応用編。駅の反対側に戻って高級スーパーに入ろう」と言った。さくらには、鼻歌混じりで前を歩くまことの背中が大きく見えた。

「このスーパーの今日の入口を見ると、イタリアン高級ワインの半額を押している。さくらちゃんは、このスーパーにどんなイメージをもってる？」

「食材にこだわっていて、生産者の顔が見えて、味が濃くてみずみずしい野菜や糖度の高い果物など、品ぞろえがいいです。世界の珍しいチーズや調味料も多くて、ここでしか買えないものが数多くそろっています」

「このチェーン店は、こだわりによる高級感を売りにしている。さっきの安売りスーパーと比較しても、店内の雰囲気も違うしね」

「店内の壁も木目調で高級感があるし、照明も明るく通路も広くてスッキリしています」

「コンセプトが貫かれているから、お店の外の見せ方から統一していて分かりやすいんだ」

「お店に入るだけで、ステイタスの高さを感じます」

「プチ贅沢を感じられるのが狙いなんだ。あのアパレルブランドのお店はどうだろう？外にあるタペストリーには、スタイルのいい男女が季節を先取りした服装でオシャレな街を颯爽と歩いているものが多い。まさしく、ブランドイメージを全面に打ちだしているね。さくらちゃん、自分たちのお店をお客さま目線で冷静に見ると、中のゆったりとした空間が外から理解されていないのが分かるだろう？　そこを、外の人にも分かるように、はっきりと表現すべきじゃないかな」

見てきた店舗は、外からでも店の売りが明確に分かり、歩きながらでも入ってみようと引き込まれる感じがした。さくらの中に、店の外に飾る大型のタペストリーのイメージが浮かんだ。

四季彩は、駅前の雑踏の中で庭を眺めながらゆったりとくつろげる店内を、大きな写真付きで表現しないといけなかったんだ、とさくらは目からうろこが落ちた気分だった。

ポイント　チェーン店に学ぶ入口の見せ方

- 入口は季節感や売りの商品を全面に出し、変化を表現する。
- 店のコンセプトは外に向かって発信する。
- 入口作りのヒントは、同じ商品を販売しながら差別化を行う異業種に隠れている。

06 チェーン店に学ぶメニュー作り

客単価を上げるメニューの見せ方

「次は国道まで歩いて、大手レストランチェーンのお店に行ってみよう」

国道までは15分ほどかかるが、これまで見てきたことを振り返って話しながら歩いていると、すぐに到着した。

店の入口で目に飛び込んできたのは、大きなハンバーグの写真とデカデカと499円〜と書かれた縦型の大型のタペストリーだった。

「さくらちゃん、この499円を覚えておいて。じゃあ、中に入るよ」

店内に入るという新たな展開に、さくらははしゃぎながら奥のテーブル席に着いた。

「メニューの見せ方について話すよ。入口で見た大型のタペストリー、覚えているよね」

「499円のハンバーグ。すごくお得感がありますよね」

「みんなそれに引き寄せられて入店してメニューを開く。メニューを見ると、おかずだけじゃなくて、ご飯もほしくなってくる。ご飯をセットにするとプラス299円、食後のドリンクも追加したらプラス199円。結果1，000円近い金額になる。これが一番安いセット商品なので、他の商品を選んだら1，200円ほどのセット料金になるんだ」

まことの説明に、さくらは目を丸くした。

「大手レストランチェーンも、客寄せのための見せ筋プライスと、本当に売りたいセット商品プライスの2ゾーンの見せ方をしているんだ」

さくらは、なるほどとまことの説明に頷く。

「他にも学ぶべきところはあるよ。例えば、写真の配置。一番売りたいセット商品を上部に、大きな写真を使って目立つように置いている。人はメニューを上から下に見ていくから、一番売りたいものを上に、大きく載せることが重要なんだ」

「メニューも、内容と金額を載せるだけでは食べてほしいものが伝わらないんですね」

「そう。『ぜひ、これを食べてほしいんです』というアピールをしないと、お客さまが食事を選ぶ楽しみがなくなっちゃう。四季彩のメニューみたいに、写真がなくて名前と金額だけしか書いてなかったら、出てこないとどんなものなのか分からないから不安だろう？」

「初めて来店するお客さまは不安ですよね」

シズル感を生みだすメニューの見せ方

「大手チェーンのメニューは宝の山。見せ方の秘密はまだあるよ。写真に注目すると、1つひとつの写真が大きく浮きだしているように見えるだろう？」

「迫力があって美味しそうに見えます」

「撮り方を工夫しているんだ。商品全体の写真を撮るより、メインの料理を中心にクローズアップして撮ることで、前に出てくるんだ。背景をぼかすことで、商品がよりくっきりとして美味しそうに見える。それに……」

「まだあるんですか？」

「メニュー作りは、赤、黄、緑の3色を意識すると、料理が鮮やかに見えて食欲が駆り立てられるんだよ。ハンバーグの写真に載っている人参の赤、コーンの黄、いんげん豆の緑。この3色が入ると美味しそうに見える。光を当てて光沢を出すと、美味しさのシズル感が全体に出てくる。だからメニューの写真にもこだわらないといけないんだ」

さくらはメニューの写真を食い入るように見つめた。

「単独で挟み込まれている別メニューは、季節感を表現しているため、変化やいち押し感を感じやすくて、推奨効果があるのさ」

改めて、まことが言ったことを考えながら見ると、さくらの頭にいろんな工夫が飛び込んできた。

「大手チェーンはどこも、メニューの見せ方で客単価を上げる努力をしているんだよ。僕たちは何も言われなくても、この見せ方戦略に陥っていたということさ」

「気づかないうちに、勝手にいろんなものを推奨されていたっていうことですね」

「意識すると、面白いことがたくさん見えてくるだろう？」

食事を終えると、まこととさくらはすぐに店を出た。

「次は二軒先のラーメンチェーンを見にいくよ」

「また食べるんですか？」

「まだまだ食べるよ」

まことはそう言うと、ラーメン店に向かった。

積み上げ式のメニューの見せ方

「まことさん、この店は、博多とんこつラーメン530円〜になってます」

「では、お店に入ってメニューの作り方を見てみよう」

「ここの売りは、餃子と半チャーハンのセットですね。セットにすると980円だ」

「今度はトッピングと他のセット。基本のセットの他に、チャーシュー麺、野菜大盛りラーメン。ラーメンの種類を変えることによってセット料金が変わっていく。それをそれぞれ写真つきで表現して高単価に誘導しているんだ。その下に書いてあるトッピング。1つひとつは80〜150円と低めに設定されていて、いくつも選んでもらって高単価に導くようにしている。全部乗せは350円とお得感があるように見せてさらに選びやすくしている。大将、この子にとんこつラーメンセットの全部乗せ、僕は炙り味噌ラーメン」

　さくらは驚きの眼差しでまことを見た。

「これも調査という仕事だから、頑張って食べてね」


　店を出たときには、さくらのお腹はパンパンにふくれていた。

「では次は、駅前のハンバーガーチェーン店に戻ろう」

「まだ食べるんですか〜」

駅に向かうさくらの足取りが、ゆっくりになっている。

「ほら、ハンバーガーチェーンの入口では１００円のハンバーガーが目玉になっているけど、お店の中のメニューを見ると、上部にセットメニューが配置されていて、真ん中より下に１００円メニューが目立たないように小さく表示されている」

「お客さま、何になさいますか」

こそこそと話すまことさくらに、店員が声をかけてきた。

「おっ、お持ち帰りで！」

さくらは、思わず店員を睨みつけて、そう叫んでいた。まことは、クスッと笑いながら注文をし、店を出ると、近くにある牛丼チェーンに向かった。

こうやって見ると、周囲にはライバルがたくさんいるのだと、さくらは改めて店舗経営に対して身が引き締まる思いがした。

「ここも、のぼりで安い商品を見せているけど、中に入ってメニューを見ると、チーズやネギなどをトッピングした牛丼にお味噌汁とお新香をセットにして、客単価を上げる努力をしている。ここもテイクアウトでいいかい？」

「お願いします」

さくらの声が、だんだんか細くなっていく。

「次はセルフ型のうどんチェーン店」

「まっ、まだ行くんですか～」

　さくらの目が、もう無理ですと訴えていた。

「ここは２８０円～ですね」とさくらはお腹をさする。

「今度は僕が食べるから、いつもと同じように取っていって。いつもと同じようにだよ」

　さくらは、最初にとろろと卵のうどんを選び、えびとレンコンの天ぷらをあと乗せし、最後にいなりずしを2個、お皿に乗せた。

「ずいぶん食べるんだね～」

「選びながらレーンを歩いてると作り立てが美味しそうで、つい取っちゃうんです」

「それがこの回遊型のお店の戦略さ。考えているより多く取りすぎてしまう」

「合計８２０円です」

　席に着いて、まことはうどんをすすりながら話した。

「今までのお店を振り返ると、入口でプライスを安く見せているから、このお店は安い店だと思い込んでいるのが分かったよね」

「でも、実際に代金を払うときには、私たちのような個店とかわらない金額になっていますよね。それに、季節ごとに売りだしたいメニューも入口にはっきりと表現されているから、歩きながらでも変化を感じやすくて興味がわきます。どこも写真にシズル感が出ていて、美味しそうだったな〜」

何気なく見ていた風景も意識して見ると、各店の努力が目に飛び込んできて、さくらはすべてに感心し通しだった。それに引き換え、お客さまを理解せずに運営してきた自分たちの運営能力の低さを実感した。反面、さくらには表現の仕方がはっきりと見えてきた気がした。

「僕は夜の準備があるから、これで失礼するね。かえでちゃんと一緒に、入口とメニュー作り、頑張ってね」

「世の中の見方が変わり、新しい扉が開けました。ありがとうございました」

まことは振り向かずに、さくらに軽く手を振りながら、駅の改札に消えていった。


さくらが店に戻ると、かえでが首を長くして待っていた。

「さくら、どうしたの、そんなにいっぱい袋を抱えて？」

「お土産。私は調査でいっぱい食べてきたから、みんなで食べて。今日はすごい発見がたくさんあったよ」

さくらは機関銃のようにしゃべりはじめ、その熱弁をかえでも目を輝かせながら聞いていた。かえでとさくらは、メニューの写真と入口のタペストリーの作り込み、メニューの見せ方の変更にすぐに取りかかった。

入口は、外から見えない店舗内の雰囲気をタペストリーで大きく表現し、ヘルシーにこだわった自慢のメニューに絞り込んで、体の中からのサポートをうたい、一目見て理解できるものに変更した。

こだわりのメニューは大きく1ページを使い、大きな写真と分かりやすい説明、セット化を表現することで売りを明確に表した。

かえでとさくらの新たなチャレンジの幕開けの日となった。

ポイント　チェーン店に学ぶメニュー作り

- ●売りたい商品を写真付きで大きく表現する。
- ●セット化することで、客単価アップを目指す。
- ●季節商品は挟み込みメニューで、大きく表現して変化を伝える。
- ●メニューの写真は、メインをクローズアップして撮る。
- ●メニューは食材で赤・緑・黄色を表現し、商品にシズル感を出す工夫をする。

07 こだわりを伝えるショートメッセージカード

コンセプトやおススメは、スタッフ全員が言えなければ意味がない

1カ月が経ち、四季彩にも客が増えはじめた。

「いらっしゃいませ」

元気に挨拶するさくらに、入店してきた二人連れの客が声をかけてきた。

「駅前にこんな素敵なお店があったのね。邸宅だと思って通り過ぎていたけど、入口のタペストリーを見て、お店だって分かって入ってみたの」

「ありがとうございます。お食事やスイーツメニューも体に優しいものを中心に作っていますので、体の中から元気になっていただけると思います。ゆっくりしてくださいね」

「お庭も素敵で、ゆったりできるお店ね。なんでこれまで気づかなかったんでしょう」

「積もる話もおありでしょうから、お庭が見える個室もありますので、よろしければ、そちらにご案内させていただきましょうか」

「個室もあるんだ。ぜひお願いします」

「個室二名様、お通しいたします」

「かえで、入口効果ってすごいね。お客さまの数がみるみる増えてるのが分かるもん」

「リピートして来てくださるお客さまが増えて、まことさんには感謝だよね」


忙しく追われる昼どきに、ふらりと、まことが店に入ってきた。

「まことさん、こんにちは」とさくらが声をかけた。

「繁盛しているね。今日は食事させてもらうね。さくらちゃん、他のスタッフの人でいいので、メニューをもらえるかな」

「美月ちゃん、メニューを持ってきてもらってもいい？」とさくらがスタッフを呼ぶ。

「は〜い、すぐに行きます」

おっとりしたスタッフの美月が、まことにメニューを手渡した。

「ここのお店のおススメはなんですか？」とまことは美月に尋ねた。

「おススメ？　ちょっと聞いてきます」

「ちょっと待って！　じゃあ、ここのお店のコンセプトは何？」

「え〜っと、それも聞いてきます」

美月が奥に入ると、今度はかえでが出てきた。

「ごめんなさい、答えられなくて。一度教えたんだけど、なかなか覚えてもらえなくて」

まことは、ほほ笑みながら、「実は、次の課題のために来たんだよ」と言った。

「え〜、それならそうと最初から言ってくれればいいのに。意地悪」

かえでは、「今日の課題ってなんですか？」と口を開いた。

「課題は今、美月ちゃんに伝えたことだよ」

「それなら、コンセプトは『ゆったりした空間で、体に優しいヘルシーな食事、スイーツを提供し、体の中から元気になっていただく』でしょう。ここに来たらこれを食べてほしいというおススメは、『根菜ハンバーグの和風餡かけで、最初はフワッとしたハンバーグの中に根菜のシャキシャキ感を楽しんでもらい、次に添えられている餡をかけることで、和風出汁の風味を味わえる、二度楽しめるメニューになっています』です」

「さすがだね、オーナーさん」

「まことさんに教えられて作ったんですから。完璧に覚えてます」

かえでは、自慢げに胸を張った。

「でも、君たちがすべてのお客さまの相手をするのは難しいよね。だから、お店のコンセプトやおススメの文言は、スタッフ全員が伝えられるようにならないとだめなんだよ」

かえでは、痛いところを突かれたと思いながらも、「全員が同じように伝えられるようになるのって難しいですよね」と言い返した。

「そこ、注意だよ！　かえでちゃんたちが難しいと考えているかぎり、次の一歩を踏みだせずに、全員が同じレベルに到達することができなくなるんだよ」

「そうなんですけど、現に教えても、なかなか覚えてもらえないんですよ」

かえでの頭の中に、『教えても覚えてもらえない、どうすればいいの？』という疑問が巡る。しかし、分からないなら聞いてみようとすぐに頭を切替えた。

「どうすれば覚えてもらえるようになるんだろう？」

まことは、ポケットから名刺サイズのカードを4枚取りだすと、かえでに手渡した。

「このカードに、コンセプトとおススメ商品を3品書いてみて」

「お安いご用です！」とかえでが書き進めると、「美月ちゃん、ちょっといいかな。この4枚のカード、覚えることできる？」とまことは言った。

美月は不安そうに読み返しながら、「すぐには無理だと思いますけど……」とつぶやいた。

「どれくらいで覚えられる？」というまことの問いに、「多分、1週間もあれば大丈夫だと思います」と美月は答えた。

まことは、大きく頷くと、「それでいいよ！　このカードだったらポケットに入れて、いつでも振り返って見ることができる。持ち歩いていると、聞かれたときにいつでも安心して答えられるからね」と美月に言った。

「これがあれば覚えるのも簡単そうです」と美月の顔に笑顔がもれた。

コンセプトを簡単に覚えるためのショートメッセージカード

かえでは、頭の中がよく整理できていなかった。

「まことさん、私、まだよく分かってないんですけど」

「かえでちゃんは普段の仕事をしながら、いろんなことをスタッフに伝えて動いてもらっていると思うけど、一度聞いたことを100%理解することができる?」

「無理だと思います」

「なのに、スタッフには一度教えたことが全部理解してもらえたらと思ってない?」

図星だった。忙しい中、何度も同じことを教えるのは面倒であり、できないんだったら自分で動いた方が早いとかえでは思っていた。しかし、冷静に考えると、いつまでも自分が代わりにやっていると、忙しくなるとカバーできなくなり、伝えられるときと伝えられないときのバラつきが出てしまう。

「だから、スタッフの誰もがいつでも振り返りができるように、カードに書いて渡したんだ。このカードのルールが分かると、覚えるスピードが上がって、みんな同じように伝えられるようになるんだよ」

このカードにもルールがあるのね、と思いながら、かえでは頷いた。

「これはショートメッセージカードって言うんだ。ルールは、30~50文字以内で作成す

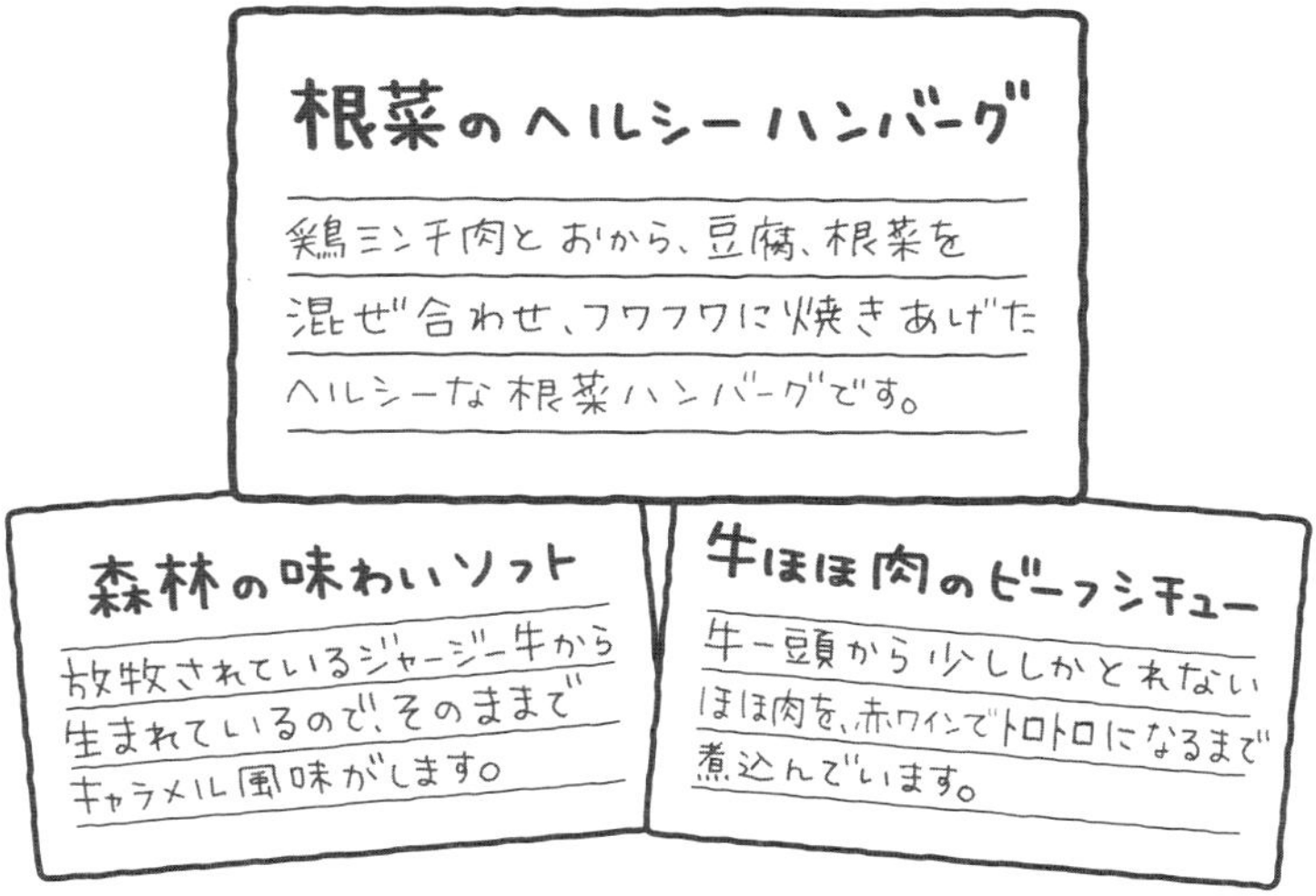
根菜のヘルシーハンバーグ
鶏ミンチ肉とおから、豆腐、根菜を
混ぜ合わせ、フワフワに焼きあげた
ヘルシーな根菜ハンバーグです。
森林の味わいソフト
放牧されているジャージー牛から
生まれているので、そのままで
キャラメル風味がします。
牛ほほ肉のビーフシチュー
牛一頭から少ししかとれない
ほほ肉を、赤ワインでトロトロになるまで
煮込んでいます。

・30 ～ 50 文字の短い言葉でメッセージを作成する。
・いつでも、持ち歩けるように名刺サイズのカードにする。

ショートメッセージカード

ること。短ければ短いほど覚えやすくて伝えやすいからね。この文字数だと、2つくらいのセンテンスしか入らない。だから、それさえ覚えれば、前後の言葉が変わっても問題ないから、自分なりの言葉も生まれやすくなる。大きさは名刺サイズ。ポケットに入れて持ち運べるから、いつでも振り返れる。時間があるときに、『このおススメ言ってみて』なんて復習できるし、覚えてないようなら、見ながら反復させて耳からも覚えられるんだ。一度作っておくと、コピーして何度でも使いまわせるから、新しいスタッフ教育にも役立つしね」

かえでの頭の中で今の話が輝き、これなら覚えてもらえるぞと自信がわいてきた。

「運用方法は、カードを一度に全部渡さないこと。美月ちゃんが言っていただろう、これだったら1週間で覚えられそうって。全メニューを一気に渡されると、大変だって思って諦めてしまうんだよ。うちのお店だと、最初に7枚のカードを渡して、その翌週から5枚ずつカードを追加するようにしている。1・5カ月くらいでメニューのほとんどは語れるようになってる。同じ教え方をするから、人による違いもないしね」

「やっぱりまことさんはすごいです。私たちができなかったことを、簡単にクリアしちゃうんだもん」とかえでは感嘆の声をあげ、改めてまことを尊敬した。

ようやくまことも交えての食事の時間となった。

ポイント　こだわり伝えるショートメッセージカード

- ●コンセプトやおススメは、スタッフ全員が覚える。
- ●30〜50文字の言葉でコンセプト、こだわりメニューのメッセージを作成する。
- ●いつでも持ち歩けるように、名刺サイズにする。
- ●カードを渡す目安は、1週間に5〜7枚程度にする。
- ●日々、覚えているかチェックを行い、最初は見ながら復唱させて、耳から覚えるようにする。

08 口コミはお店で作って発信する

口コミに応用するショートメッセージは、五感を意識し擬音を入れる

数日後、かえではショートメッセージカードを持って、まことの店のドアを叩いた。

「まことさん、先日はありがとうございました」

突然の訪問者に、まことは、「おっ、今日はどうしたの？　何か問題でもあった？」と、冗談混じりにかえでに牽制球を投げた。

かえでの楽しそうな雰囲気を見ると、順調なのが見てとれた。

「そんなに、いつも心配そうな顔してますか？　教えてもらったショートメッセージカードができたので持ってきたんです」

「いい笑顔だよ。経営者が不安な顔をしていると、スタッフみんなに伝染するからね。いつも笑顔で、楽しみながら働かないと」

「はいっ」と答えながら、かえではまことにカードを手渡した。まことは、カードをめくりながら、時折うんうんと頷いたり、「これいいね」と声をかけながら読み進めた。

「すごくいい出来だよ。さすが女性目線で作ると、より五感が刺激される内容に仕上がるんだね。うちのお店のカードも作ってもらおうかな」

「いつも通っているから、このお店のカードだったらすぐにでも作れますよ。遠慮なく言ってくださいね」

かえでの愛嬌たっぷりの一言で、店内がパッと明るくなったようだった。

「せっかくなんで、ショートメッセージの応用について話をしようか」

「応用があるんですか？」

かえでは驚きの表情を見せて、目を瞬かせた。

「口コミの作り方について」

「口コミって、お客さまが広げてくれるものじゃないんですか？」

「そうだよ。だからお客さまに理解しやすくて、記憶に残りやすいようにするのさ。2つのことを意識してカードを作ると、お客さまの想像がふくらみ、忘れにくくなるんだ」

かえではまじめな顔で手帳を取りだし、メモを取りはじめた。

「1つめは、五感を意識して作ること。例えば、口の中でとろける食感、もち肌のような弾力、フルーティーな香り、耳で楽しむ鉄板で焼きあがる音、旨味を引きだす照りなど、頭の中に映像と一緒に商品が飛び込んでくる感じで」

おいしそうな表現に想像がふくらんで、かえでは目を閉じてにんまりとした。

「2つめは擬音を入れること。そうすると、より想像がふくらむんだ。ジュワッとやトロトロ、フワフワ、シャキシャキ、ポカポカ、アッツアツなど。言葉が単純なので、想像しながらついつい覚えてしまう効果があるんだよ」

「美味しそう。お腹が空いてきました」

写真を撮っているお客さまにメッセージを伝える

「口コミにつなげる最大のタイミングがあるんだ」

舌なめずりしていたかえでの顔が一転して、真剣な表情になった。

「四季彩でも、携帯やデジカメで写真を撮るお客さまが増えただろう？」

考えながら、「そうですね。私もよく他のお店で撮ってます」とかえでは答えた。

「撮った写真はどうしてる？」

「ブログやＳＮＳ（ソーシャル・ネットワーキング・サービス）のサイトにアップしています」

「今や国民総発信できる時代。一番手軽な日々の食事やＣａｆｅタイムを切り取ってアップする人が多い。だから、写真を撮っているお客さまに近づいてショートメッセージの内容を説明するんだ。短い言葉だからお客さまも覚えやすくて発信しやすいのさ」

「なるほど。何も言わずに食べた感想をアップするのと、メッセージを伝えられて、想像をふくらませてアップするのとでは、表現の仕方も違ってきますよね」

かえでのメモを取るスピードが早くなる。

「ただ単に美味しい店って表現された投稿より、どう美味しいのかを具体的に表現された方が、読んだ人も行ってみたいと思いますもんね。このお店に来たらまずはこれって書いてあると、まずはそれを食べてみようと思いますから」

「だから、写真を撮っているお客さまの投稿は、多くのお客さまを連れてきてくれる可能性が高いってことなんだ」

「口コミは、お店が作って発信するのか〜」

「お店のホームページがあれば、各テーブルの三角コーナーなどに、ＵＲＬやアドレスを二次元バーコードで紹介しておくと、投稿とリンクしてお店の情報も一緒にアップしてもらいやすくなるので、効果的だよ」

「ほんとにいろんなことをやっているんですね。何となく楽しみに来ていたんだけど、その裏にこんなに努力があったなんて、頭が下がります」

「まだまだ入口さ。次は、本格的に店舗の収支について話すから、心していてね」

かえでの頭の中に、収支という耳慣れない言葉がこだましていた。しかし、今日の新たな発見を、店に帰って早く試したい気持ちでいっぱいだった。

ポイント　口コミはお店で作って発信する

- お客さまが覚えやすく想像をふくらませるために、表現に五感と擬音を入れる。
- 写真を撮るお客さまを重点的に、コンセプトと商品を伝える。

第二章　損益を理解して着手する利益アップの方法

09 お店の損益分岐点を知る

収支って何？

10月の中旬ごろ、かえでのもとに、まことから電話が入った。

「かえでちゃん、元気にしてる？」

「元気、元気、元気すぎて、毎日ルンルンですよ」

かえでの弾んだ声の様子に、まことは電話の向こうの姿をたやすく想像できた。

「オープンから半年が経ったけど、経営は順調にいってるかな？」

「まことさんの言うことを真面目に続けてきたので、順調です。自信がついてきました」

「それはよかった。じゃあ、来週に店舗の収支を持ってきて」

かえでは、耳慣れない収支という言葉を聞いて、まことに尋ねてみた。

「前にも聞いたんですけど、収支って何ですか？」

「簡単に言うと、お店にきちんと利益が出ているかどうかっていうことだよ」

「それなら、大丈夫。支払いも滞りなくできてますし、少しずつお金も残ってますから」

「やっぱり、そうか！　それを、どんぶり勘定って言うんだよ」

「税理士の先生にも言われました。それってだめなんですか？」

「収入と支出のバランスをきちんと見ていかないと、先の見通しが立てられないからね」

「ふ〜ん。お金が残っているからいいのかなって思ってました」

「税理士の先生が作ってくれたオープンからの収支の資料も持って遊びにおいで。それをもとに、利益の残し方を一緒に考えよう」

「はい。久しぶりにお会いできるのを楽しみにしています」

電話を切ったかえでは、来週、頭を抱えることになるとは思ってもみなかった。

『固定費』と『変動費』を知る

「まことさ〜ん、資料持ってきました！」

かばんを振りながら店に入ってきたかえでに、まことは、「今日から経営者としてスタートしよう」と声をかけた。

「4月に独立してから、とっくに経営者なんですけど……」

「それは失礼。でも、今日の作業が終わるとその意味が分かるから」

かえでの脳裏に、いつもの『？』がよぎる。

「作業があるんですか？」

「そう。税理士の先生が作った資料を見せて」

「これです。この収支の資料、まったく分からないんですよね。会社の税務には必要だと思うんだけど、OLのときも見たことがなかったからさっぱり分からなくって」

「収支は、お店の成績表なんだ。だからしっかりと理解しないといけないし、これをもとに対策を打たないといけないんだよ」

まことは、真剣に資料を見ながら、かえでに話しかけた。

「8月の売上がすごく上がってるね」

かえでは嬉しそうに、「そうなんですよ。ほんとに忙しくて、手がまわらないほどでした。働いてるっていう充実感がありました」と胸を張った。

自信に満ちたかえでの答えを覆すように、まことはつぶやいた。

「でも、利益は7月と変わってない」

かえでは資料を覗き込んだ。

「ほんとですか？　7月より断然忙しかったはずなのに……」

「売上が上がっているんだから、利益も上がってないと、一生懸命働いた意味がないよね。この原因を探っていこう。では、まず、各月の損益計算書を分解していこう。最低限、これは理解しておかないといけないからね」

何をどうしていいのか分からないかえでは、まことの投げかけに対する返事に困った。

「分解する、ってどういうことですか？」

「かえでちゃんが言うように、損益計算書は見にくいよね」

「売上と利益しか分かりません」

「お店の成績表の意味が分からないと対策の打ちようがないから、自分たちが見て分かる形に分解して、管理を簡単にしていくんだ。まずは項目を、『固定費』と『変動費』に分けていくね」

「固定費と、変動費ですか？」

「固定費は読んだ通り、『固定でかかるもの』。簡単に言うと、1日も営業しなくても払わないといけない費用のこと。変動費は、営業して初めて発生する費用のこと。では、固定費を抜きだしてみよう」

「営業しなくても払わないといけない費用ですね。まずは、私とさくらは社員だから、給与はお店を閉めていても払わないといけないですよね？」

「社員の給与は固定費だから、給与に付随する税金関係の法定福利費も固定費に計上すること。古くなった食洗器やガスコンロはリースで入れ替えたんだよね。このリース料も営業しなくても払わないといけないから固定費。家賃も契約している間は払わないといけないね」

「それは、弥生ちゃんに借りているから大丈夫です」

「そんな気持ちで経営をしてちゃだめだ。払えなくなったら、弥生おばあちゃんにお願いすればいいと思っているだろう。甘い！」

まことの言葉は図星だった。

「経営者は、しっかりと計画を立てて、対策を考えないといけないからね。家賃も固定費としてしっかり計上しておくこと。後は、かえでちゃんが初期投資をした内装工事の費用。これは、以前喫茶店としてやっていたこともあって、低く抑えられていてよかった。国で定められた減価償却期間で費用計上しないといけないので固定費だ。これを計算すると、固定費は100万円だね。固定費は年に1回算出してしまえば、毎月だいたい同じだけかかるものだから、後は細かい個々の数値は無視して、合計だけ覚えておけばいい」

「固定費が100万円ですね」

「固定費が100万円かかるということは、毎月の利益が100万円を下まわれば赤字になるということ。だから、これを超える集客を見込まないといけないことになる」

「それって何人ですか？」

「変動費を分解して、その人数を割りだしていこう。固定費を全部抜きだして残ったものが変動費。まずは、この中の食材原価。これは外食業界ではフードコスト（Ｆｏｏｄ　ｃｏｓｔ）といって、2大コストの1つなので、個別に管理する。次が、パート・アルバイトの給与。これはレーバーコスト（Ｌａｂｏｒ　ｃｏｓｔ）といって、2つめの大きな費用項目。これも個別に管理する。外食業界では、この2つを合わせてＦ・Ｌコストと呼ぶ。うちのお店も毎日主に管理しているのは、このＦ・Ｌコストなんだ」

売上高	
商品仕入高	変動費
売上総利益	
給与手当	固定費
雑給（パート・アルバイト給与）	変動費
法定福利費	固定費
旅費交通費	変動費
通信費	変動費
広告宣伝費	変動費
衛生管理費	変動費
水道高熱費	変動費
事務用消耗品費	変動費
支払手数料	変動費
教育訓練費	変動費
地代家賃	固定費
賃借・リース料	固定費
減価償却費	固定費
修繕維持費	変動費
備品 消耗品費	変動費
販売促進費	変動費
雑費	変動費
販売費及び一般管理費計	
営業損益	
経常損益	

損益計算書を『変動費』と『固定費』に分解する

「私、何となく運用していました」

「後は、その他諸経費といって、水道・ガス・電気代の水道光熱費、電話やインターネット費用の通信費、ペンやOA用紙などの事務用消耗品、おしぼりやオーダー伝票などの備品消耗品費、みんなの交通費、後は広報などの広告宣伝費。これらの費用は、それぞれが小さいので、まとめて合計として管理する。これで分解すると、売上に対して、F・L・その他諸経費の割合が出てくる」

「うちのお店は、月ごとに割合がバラバラですね」

「F・L・その他諸経費合計は変動費だから、売上に応じて一定の割合で変動させないといけないんだ」

かえでは損益分岐表を見ながら、眉根を寄せた。


「四季彩の7月と8月を比較するとよく分かるけど、8月は売上が上がっているけど、それ以上に商品仕入高（食材原価）と人件費（パート・アルバイト給与）が上がっている。本来、同じ比率でコントロールしていると、売上が上がった分、経常利益が増えるはずなんだよ」

「お客さまがたくさん来てくれたので、いつもより多めに発注していたんです。夏場は傷むのも早いから廃棄も多かったし。人もそう。いつも早めにあがってもらっていたんで

7月損益		金額	構成比	客数	3,375	構成比
売上高		2,700,000		客単価	800	
変動費合計		1,674,000	62%	変動費単価	496	62%
変動費	商品仕入高(食材原価)	837,000	31%			
	人件費(パート・アルバイト給与)	567,000	21%			
	その他諸経費合計	270,000	10%			
変動利益		1,026,000	38%	変動利益単価	304	38%
固定費		1,000,000				
経常利益		26,000				

8月損益		金額	構成比	客数	3,750	構成比
売上高		3,000,000		客単価	800	
変動費合計		1,980,000	66%	変動費単価	528	66%
変動費	商品仕入高(食材原価)	990,000	33%			
	人件費(パート・アルバイト給与)	690,000	23%			
	その他諸経費合計	300,000	10%			
変動利益		1,020,000	34%	変動利益単価	272	34%
固定費		1,000,000				
経常利益		20,000				

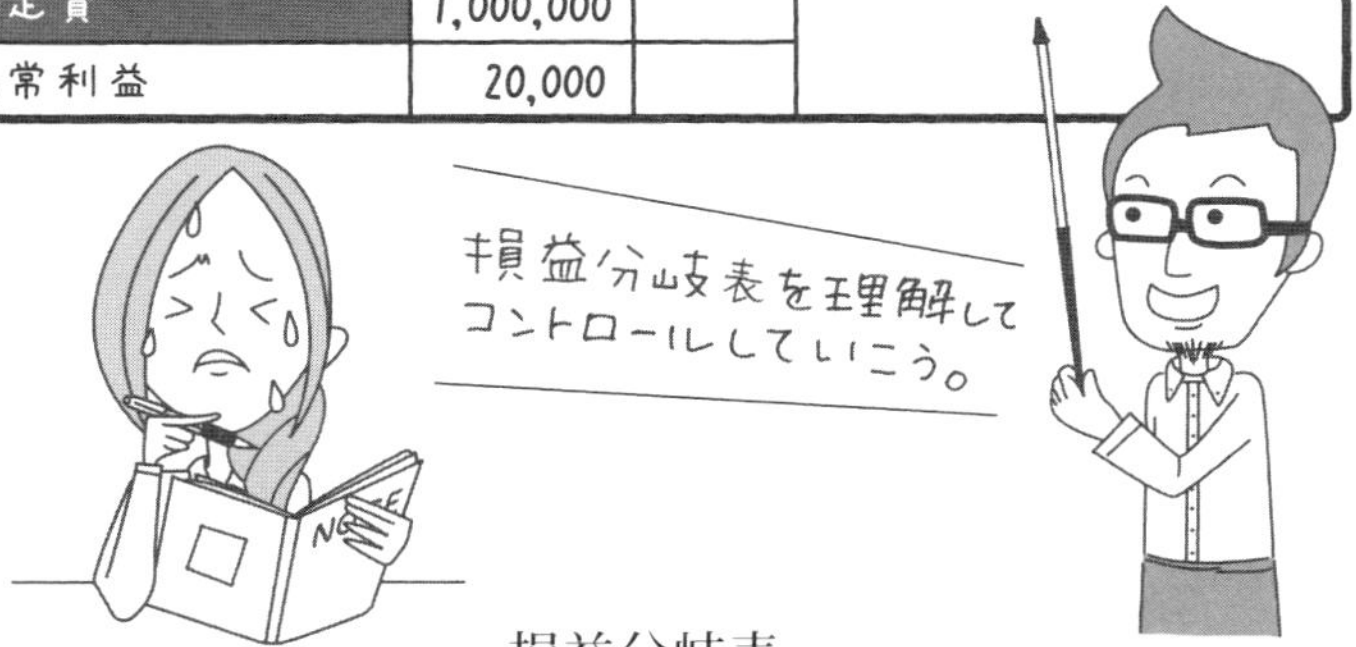
損益分岐表を理解して
コントロールしていこう。

損益分岐表

すけど、対応できなくなるのが恐くて暇な時間帯にも人を置いていたのも響いたんですね」

「それをやりくりすることを、コントロールっていうのさ」

かえでは経営者としての未熟さを痛感し、振りまわしてしまったスタッフに申し訳ない気持ちになった。

「四季彩のメニュー構造と店舗運営はうちのお店に似ているから、まずは変動費合計を60％に抑える努力をしよう」

「分かりました」

かえでの襟を正した態度に、まことは今後の変化の兆しを感じとった。

日々、必要客数を管理する

「では、必要客数を算出してみよう。売上をこれまでの客数で割ると、客単価はだいたい８００円だね。すると、一人当たりの変動費（Ｆ・Ｌ・その他諸経費合計）単価は、全体の60％だから、一人に置き換えても同じ60％なので４８０円になる。この一人４８０円は、食材仕入れの支払や、パート・アルバイトさんの給与の支払い、水道光熱費などの支払のために残しておかないといけないんだ」

かえでは必死にメモをとった。

		金額	構成比	客数	3,125	構成比
売上高		2,500,000		客単価	800	
変動費合計		1,500,000	60%	変動費単価	480	60%
変動費	商品仕入高(食材原価)	750,000	30%			
	人件費(パート・アルバイト給与)	500,000	20%			
	その他諸経費合計	250,000	10%			
変動利益		1,000,000	40%	変動利益単価	320	40%
固定費		1,000,000				
経常利益		0				

固定費÷1人当たりの利益(変動利益単価)＝損益分岐点客数

1,000,000円 ÷ 320円＝**3,125人**

損益分岐点客数 × 客単価＝損益分岐点売上

3,125人 × 800円＝**2,500,000円**

※実際の経営は、損益分岐点を目標にするのではなく、経常利益目標を決め
　固定費＋経常利益＝変動利益を目標として客数設定する。

例：経常利益目標 240,000 円とした時。
(1,000,000 円 +240,000 円) ÷ 320 円＝3,875 人 (客数目標)
3,875 人 ×800 円＝3,100,000 円 (売上目標)

損益分岐点を知る

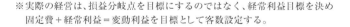

「だから、残りの40％に当たる３２０円が、一人のお客さまからいただく変動利益単価になる。でもこれも使っちゃだめ。これをコツコツ貯めて、まずは固定費を上まわらなければ赤字だからね。だから、固定費の１００万円を変動利益単価の３２０円で割った３，１２５人が損益分岐点客数になる。これに客単価の８００円を掛けた２５０万円が損益分岐点売上。つまり、最低２５０万円以上の売上が必要ってことになるんだ」

「固定費を一人の利益で割ったら必要客数。損益分岐点客数が分かるってことですね」

「これを月間の営業日数で割ると、毎日の必要客数が分かる。仮に30日とすると、１０４・１６人。小数点以下は切り上げて、１日の目標は１０５人。カレンダーに、１日の目標と累計を書いておく。、毎日営業しながら、横に実績を書き足していくと、追いかけっこができる。10日終わった段階で1，０５０人の来店見込みが必要だ。でもこの段階で1，０００人しか実績がないとすると、50人ショートしていることになる。この50人を月末までの20日間で取り戻す活動をしないと赤字になることが、カレンダー上で日々分かるようになる。終わってからだめだったと言っても取り戻せないからね。終わる前に対策を打って、月末までに帳尻を合わせることが重要なんだ」

「カレンダーで現状を共有できるから、スタッフも理解しやすくて動きやすいですよね」

声を弾ませて話すかえでは、まことにもう１つ質問をぶつけた。

「うちのお店は週末の金土日に売上が上がりやすいのと、月末に向かって売上が上がっ

September 9
MON
TUE
WED
THU
FRI
SAT
SUN
月曜日
1日目
目標客数
105人
実績客数
90人
目標売上
84,000円
実績売上
72,000円
目標累計客数
105人
実績累計客数
90人
目標累計売上
84,000円
実績累計売上
72,000円
火曜日
30日目
目標客数
105人
実績客数
110人
目標売上
84,000円
実績売上
目標累計客数
3,150人
実績累計客数
目標累計売上
2,520,000円
実績累計売上
カレンダーで把握することで
早期の対策が可能になるんだ

カレンダー活用術

ていく傾向が強いんですけど、この場合は週末と月末の売上を大きくして、平日と月初は少なくした方がいいんですか？」

「うちの店も最初は、曜日変数と週変数を掛けて計画を立て、平日と月初は客数を少なく設定していたんだけど、そうすると計画の立て方が複雑になるよね。月末になるに従って目標客数が上がっていくんだけど、月末近くに目標を下まわることが増えると、対策を打てる残り日数が少なくなる分、取り戻しが難しくなる」

「残り日数が少ない中で対策を打つのって大変ですもんね」

「だから30日平均に戻したんだ。管理が簡単だし、マイナスになったときでも残り日数が多いから対策が打ちやすい。前半がマイナスになる可能性が高いから、対策が必要になる。対策を打ちながら、後半は自然増が見込めて、目標をクリアしやすくなるんだ」

「なるほど〜。無理なく実行しながら目標はクリアしやすいなんて、魔法みたい」

「経営は、いかに分かりやすく簡単にして実行するかが大事なんだ。まずは、誰もが理解して、すぐに動けるようにすることが肝心さ」

「初めて経営者らしく考えることができた気がします」とかえでは少し肩の力を抜いた。

「損益分岐点を基準に計画を立てると、目標が低くなるから、経常利益目標を決めてそれに固定費を足した変動利益を目標として、1日の目標客数を決めた方がいいよ」

「それも、一人の利益で割って、さらに30日で割って1日の目標にすればいいですか？」

「その方が、目標に向かって行動ができるから、そうしていこう」

「目標設定か〜。またまた頑張ろうっていう意欲がわいてきました」

「せっかくだから、お客さまの集め方についても続けて話しておこうか」

「お願いします！」

ポイント　**お店の損益分岐点を知る**

●損益計算書を、『固定費』と『変動費』に分ける。
●固定費は一度算出すると、毎月ほぼ同じ金額なので、合計だけを理解しておく。
●変動費は、食材原価、パート・アルバイトの人件費、その他諸経費とし、売上に対する目標比率を決めて、売上に応じてコントロールする。
●売上を客数で割り、客単価を出す。
●客単価に変動費率を掛けたものが一人当たりの変動費単価。同じく客単価に変動利益率を掛けたものが一人当たりの変動利益単価になる。
●固定費を一人当たりの変動利益で割ったものが損益分岐点客数。それに客単価を掛けたものが損益分岐点売上になる。
●目標客数が決まれば1日の目標に変えて、日々追いかけながら対策を考える。

10 新規のお客さまは店内に眠っている

新規のお客さまを獲得する方法

「新しいお客さまを集めるには、どんなやり方が考えられる？」

ＯＬ時代、営業だったかえでは、この手の取り組みはお手のものだった。

「飲食サイトで告知したり、フリーペーパーに掲載したり、地域情報誌を活用したり、チラシの配布やポスティング、展示会にダイレクトメールする、などがあります」

「さすが、営業経験が活きてるね。前に話した３秒で理解される入口作りも、前を通るお客さまの誘導になるよね。これらがマーケティングなんだけど、どれもお金がかかる」

「ＯＬ時代は会社が費用を負担してくれていたので、意識したことがなかったです」

「費用対効果って聞いたことない？」

「いつも言われていました。でも、上司が収支を管理していたのでピンと来ませんでした」

「今は、かえでちゃんが経営者で、みんなを導いていかないといけない立場だから、分かりませんじゃすまないよ」

かえでは舌を出して、頭をかいた。

「例えば、グルメサイトに掲載するのに月に6万円かかったとしよう。四季彩で効果をあげるためには、これを見て何人のお客さまに来店してもらう必要があるかな？」

「6万円で一人800円の客単価だから、6万円÷800円で、75人ですか？」

「残念！　お客さまから800円のお金をいただくけど、その中には、食材原価と人件費、その他諸経費の変動費合計が60％かかるから、残るのは40％の320円だったよね」

「あっ、そうか！　6万円÷変動利益単価320円＝187・5人、切り上げて188人」

「そうだね。でも188人だと営業利益が6万円しか稼げないので、業者に支払うと利益はまったく残らない。最低、倍の人数が来ないと掲載の意味がないってこと」

「188人の倍の376人。全体の3，125人からすると12％ですね！」

「何でも一人の利益で割って考えると具体的な人数になって、効果との比較が想像しやすくなる。これらのプロモーションで呼び込むお客さまは、お店を利用したことがないご新規さまが多い。だから、来店するときに、必ず今まで行ったことがある同じようなお店と比較してお店の値踏みをするから、厳しい判断をするお客さまが多くなる。そんなお客さまには、しっかりとお店の特徴を伝えて差別化をはからなければ、次の来店につながりにくいんだ」

「私たちも何かのクーポンを見てお店を選んだときは、値踏みをして、悪ければ次はもう行かないケースが多いですもんね」

「お金をかけて来てくださるお客さまに厳しい判断を下されるって、つらいよね。同じプロモーションを繰り返すと飽きられて、集客効果もだんだん落ちていく。これは、成功するイベントも同じことが言える。成功したからといって同じことを繰り返すと、飽きられて使えないイベントになっていく。常に変化が必要なんだ」

常連客のお連れのお客さまにコンセプトを伝える

まことの話を聞きながら、経営の難しさを実感したかえでは、緊張で体がかたくなった。

「みんな常に頭をフル回転させながら、プロモーションしてるのかな？　そんなふうに見えないんだけど」

「ほとんどのお店は、お客さまが来るのを待つ、待ちの営業スタイルだ。逆に言うと、仕掛けたもの勝ちとも言えるのさ。もう1つ、ご新規さまを集める手段があるよ」

「収支を考えながらプロモーションも考えるなんて、大変すぎます〜」

うなだれるかえでを見て、まことは笑った。

「こっちはコツを掴めば簡単で、より効果的だよ。それは店内営業だ！」

かえでは、不思議そうな顔つきで、「店内営業？」と復唱した。

「四季彩にも毎日お客さまが来るだろう？　お客さまは常に目の前に来てくれるんだよ。ほとんどの場合、お客さまは何人かで来るケースが多いんじゃない？」

「うちは二人連れが多いですね」

「お連れのお客さまは、誰かに連れられてくる場合が多い。つまり、初めて来店するお客さまが横にいるというわけさ！」

「そんなこと考えたこともなかったです」

「来店いただくお客さまに再来店を促せられれば、新しいお客さまを引き連れてくるんだ。その場合、もう1つ大きな効果がある。かえでちゃんが知り合いをお気に入りのお店に連れていくときって、その店がどんなお店か事前に説明するよね」

「はい。一緒に行く人にも楽しんでもらいたいから、お店の売りのポイントを話しますね」

「人が誰かを誘うときって、必ずそのお店のいい情報を伝えようとするんだよ。お金をかけてプロモーションして来てもらったお客さまは、行ったことのあるお店と比較しようとするのに対して、常連客に連れられてくるお客さまは、よい情報を伝えられて体験しにくる。どっちが再来店につながりやすいと思う？」

「そりゃあ、よい情報を伝えられた人の方ですよね」

「だから、店内営業でお店のコンセプトと料理のこだわりを伝えて、他店との違いを明確に理解してもらうんだよ。お客さまは目の前にいる。そのお客さまを再来店につなげるために、ショートメッセージでしっかり伝える」

「短いから伝えやすい。そして、お客さまも覚えやすいから、口コミにつながるんですね」

かえでの脳裏には、お客さまが笑顔で新しいお客さまを連れてくる映像が浮かんだ。

様々な営業方法

「お金をかけなくても効果的なプロモーションもあるよ。四季彩で狙っている客層はどこだった？」

「団塊ジュニア世代、40代前後の幼児連れのお客さまです」

「そのお客さまは、ご近所の異業種の他のお店にも行っているよね」

「ええ。美容院やネイルサロン、整体院、ジム、花屋さんとか」

「だとすると、それらのお店の集客の協力をしてあげると助かるんじゃない？」

「お客さまを送り込んであげたら喜ばれると思います」

「そのお店のチラシを四季彩に置いて、紹介してあげてはどうだろう？」

「そうしたら、うちのお店のチラシも置いてくれそう」

「互いに協力し合うと、営業に行きやすいよね。それに、そのお店のスタッフは、確実にお店に遊びにきてくれるコアなお客さまになってくれるよ」

「なるほど～」

「まだある。『領収書ください』っていうお客さまの名刺を集めるんだ。宛名を記載する際に出された名刺は『いただいてもよろしいですか？』と確認すると、ほとんどのお客さまはくれる。その名刺が、次回の営業の案内につなげられる。それにどの辺の方が来てくれているのか知ることもできる」

かえでは大きく頷いた。

「チラシのポスティングは、お店に一番近いところから実施すること。離れれば離れるほど効果が半減するので、ほとんどのお店がチラシにつけるインセンティブの内容を大きくしていくんだ。でも、実際に来店するのは近所の人が多い。大きなインセンティブの内容で来店した近所の人は、通常価格では来なくなってしまうから逆効果になる。だから、半径５００ｍの範囲のご近所さまをしっかり狙って、小さなインセンティブで集客することが重要なんだ」

次から次の提案に、かえでのメモを取る手が早くなる。

「後は、チラシのサイズ。通常サイズだと他のチラシに埋もれて見てもらいにくくなるので、告知する内容を絞って小さいサイズで配布すること。うちはA5サイズを基本にしている。小さいチラシはポストから持ち帰るときに落としやすくなるので、一番上に持つ。だから、目に留まりやすくなるんだ」

「そこまで考えるんですか～」とかえでは目を丸くした。

「地域情報誌を活用する方法もあるよ」

かえでは両手を肩の横まであげて、もうお手上げの状態を表した。

「地域情報誌は、駅前や繁華街で配っている手配り型、コンビニや駅に置いてある据え置き型、新聞折り込みや直接各家庭に届ける投函型に分かれる。うちのお店はオフィス街にあるので、会社にまとめて配布される据え置き型を選んでいる。四季彩は住宅街にあるから、各家庭でじっくりと見てもらえる投函型がいいだろうね」

「いろんなやり方が見えてきました。後は実行力ですね」

「やってみないと分からないから、とにかく実行してみよう。実行すると、必ず結果が明確になるから、次にどんな対策をとらないといけないかが見えやすくなる。一気にすべてを行うことができないから、一歩一歩しっかり検証しながらチャレンジしていこう」

「私、今日でかなり成長できた気がします。まずは、お客さまにこだわりをアピールすることを、しっかりやっていきたいと思います」

ポイント　新規のお客さまは店内に眠っている

- 目の前にいるお客さまが新しいお客さまを連れてきてくれる。
- 常連客のお連れのお客さまは、よい情報を伝えられているため、リピートにつながりやすい。
- 同一の客層を狙う異業種店とコラボする。
- 領収書記載で出された名刺はいただく。
- ポスティングはご近所を中心に行う。

11 労せずお客さま情報を入手できるポイントカード

お客さまとのつながりを強くする情報集め

かえではさくらと協力して、お客さまに『こだわり』と『商品』の説明を徹底的に行っていった。その効果の表れか、お客さまが確実に増えてきているのが実感できた。

「さくら、常連のお客さまが増えてきたと思わない？」

「そうだね。入店のときから、笑顔で挨拶してくれるお客さまが増えているもんね。それに、うちの名物の料理やスイーツも、『ありますか?』って聞かれることが増えたよ。確実に口コミが広がっている気がする」

「私、やっぱりお店やってよかったと思う。お客さまに喜んでいただいて、その上笑顔ももらえるなんて、ほんとにハッピーだよ!」

「婦警だったころはやって当然の仕事だったから、充実感を感じにくかったもん」

かえでとさくらは、充実感を覚えながら忙しく働けていることに満足していた。


閉店後、店のドアをゆっくりと開けて、まことが入ってきた。まことに気づいたかえでが、笑顔で迎え入れた。さくらも元気に挨拶をした。

「順調みたいだね。お店が終わったのに、二人とも充実した顔をしているから」

「最近、確実にお客さまが増えていて、お客さまの方から、名物メニューありますかって声をかけてくださるんですよ。知ってもらえているって嬉しいものですね」

かえでの言葉には自信がみなぎっていた。

「そろそろ常連のお客さまに、さらに喜んでもらうための準備が必要になると思うんだ」

「新たな課題が出るんですね。何でもOKですよ。受入体制はバッチリですから」

さくらがエプロンからメモ帳を取りだした。

「頼もしぃね～！　今回も簡単な取り組みで、コアなお客さまの情報を掴めるから、肩の力を抜いて取り組んで」

かえでとさくらは、まことのアドバイスでどんどん変わっていく店の状況を体験していたため、新しい取り組みと聞くと興奮した。

「かえでちゃん、お店に食事に行ったとき、アンケートに答えることってない？」

「たまにあります。でも正直、面倒臭いなあって思います」

「そうだよね。食事を楽しむために来店したんだもんね。アンケートを書くために来たわけじゃないし」

「分かる～。私は結構ですって断っちゃうもん」とさくら。

「さくらは冷たいね。でもアンケートを回収するように言われているスタッフもいやだと思うよ」とかえでもいやそうな顔をした。

「最初は経営者が張り切って、頑張って回収してこいってスタッフに要求するのさ。スタッフは、お客さまの来店目的と違うことを強要されるわけだから、お客さまの気持ちが分かっている分、回収しにくくて大変だよね。結局なかなか集まらなくて途中で辞めるお店が多いんだ」

かえでもさくらも、お客さま情報を入手する難しさをひしひしと感じていた。

「かえでちゃんがお店の立ち上げで苦労したように、多くの競合店がひしめき合っている中、お客さまに支持され続けることって難しいよね」

「確かに、今がよくても、継続していく保障はないですもんね」

かえでとさくらは顔を合わせながら、商売の難しさについて改めて考えた。

「だから、お客さまとのつながりを強く保っていくことが大事になってくるんだ」

「今日の課題は、それですか！」

かえでの問いかけに、まことは頷き、「今日はお客さま情報を入手する方法を学んでいこう」と指を鳴らした。

さくらは珈琲を入れると、まこととかえでの前にカップを差しだした。

憩いの空間の中、庭が月明かりに照らされ、ホッとした空気が三人を包み込んだ。

スタンプ3回のポイントカードの秘密

一息つくと、まことが話しはじめた。

「お客さま情報を集めるのに大事なことは、スタッフの負担にならないこと。そして、選択して集めること。いつも来てくれるお客さまとたまにしか来ないお客さまの情報を分けて管理するという意味ね。最後に、お客さまに煩わしさを感じさせないこと。この３つに注意して情報を取っていこう」

さくらは苦笑いしながら、「そんな魔法みたいなことができたら苦労しませんよ。それができないから、みんな途中で諦めて辞めちゃうんじゃないですか」と肩をすくめた。

「みんな間違ってやってることが1つある。それは、お店都合で実施しているってこと。お客さまに喜んでもらうように実施すれば、参加する意味が出てくるんだよ。うまくいかないのは、お客さまが参加するメリットを考えずに実施するからさ」

「確かに、アンケートに答えると抽選で何かがもらえるって言われても、確率も高いとは思えないから、ただ情報だけが取られっぱなしのような気がします。お店発想って感じ。せっかくなら、何か見返りがほしいかなあ」

「かえでちゃんは現実的だね。でも、食事という目的以外のことをするんだから、見返りを求めたくなる気持ちは分かる。こんな案はどう？　来店してもらう度にポイントのスタンプを押して、ポイントが貯まるとインセンティブがもらえる」

さくらは顔をしかめながら、「それ、もうみんなやってて使い古されてます。ポイントの数が多すぎて、貯まるまでにどれだけかかるんだろうって、うんざりしちゃいますよ」と一笑に付した。

「そのカード、もらったらどうしてる？」

「カードを整理するときに捨てちゃいます」とかえでが答えた。

「捨てられるカードを、わざわざお金をかけて作るなんてもったいないよね。特に男性は、何度も通わないとポイントが貯まらないカードなんて、すぐに捨ててしまうしね」

「それって意味ないと思います！」とかえでは右手を挙げた。

「じゃあ、かえでちゃん、このカード持ってるかな？」

まことは、１枚のカードを、かえでとさくらの目の前でひらひらと揺らした。

「まことさんのお店のカードじゃないですか。私はもう特別会員になってるけど、最初それをもらった気がする」とさくらが声をあげた。かえでも横から、「私も特別会員だよ」と相づちを打った。

「うちのお店は、最初にこの紙のカードからスタートして、インセンティブと交換した後は特別会員カードに変わるのさ。みんな特別会員カードを持っているってことは、このカードを捨てずにスタンプを貯めてくれたからだね」

「そのカード、もう一度よく見せてもらっていいですか？」

かえでとさくらは、まじまじとカードを見た後、何かに気づいて目を合わせた。

「スタンプの数、たった3回ですね！」

「気づいたかい。これなら貯めやすいだろう？」

さくらは大きく頷き、「3回だったら確かにすぐだ」とつけ足した。

「このカードの秘密を話すね」

かえでもさくらも、食いつくようにまことを見た。まことは、珈琲の湯気を少しくゆら

スタンプ３回のポイントカード

せた後、一口飲んでから一気に話しはじめた。

「お客さまが来店した際、見慣れないお客さまに、『こちらのカードはお持ちですか？』と確認を取る。持っていないお客さまは、初めての来店の可能性が高いので、お店のコンセプトとこだわりのメニューの説明をするんだ。そうすることで、確実にお客さまにお店の想いを伝えることができるからね」

「いつきちゃん、見慣れないお客さまに、しっかり説明していますよね」とかえで。

「カードを持っているかどうかで、初めてかどうかが分かる。帰る際にこのカードを渡すんだけど、今日のご来店で1つスタンプを押して差しあげるんだ」

さくらは、カードを見て「あっ」と声をあげた。

「じゃあ、あと2回来ればいいから、捨てられずに財布に入りますね。それにインセンティブが1コインの500円で食事できるなんて、すごくお得」

「お客さま心理は、あと2回来れば1コインで食事ができる。お店としては、3回来ていただいて4回めに1コインで食事をしていただくので、4回来てもらえる。心理的ギャップを活かしているのさ。2カ月の期限を区切っているから、カードは2カ月の間に4回来てくれたお客さまに有効ということになる。1コインで食事をしてもらう際に、お客さま情報を書いてもらうんだけど、この段階で2カ月の間に4回利用してもらったお客さま、すなわち、お店にとって優良なお客さまの情報が集まるようになっているのさ」

かえでとさくらは、何気なくもらっていたカードにこんな秘密が詰まっていたことを知って驚いた。

「2つ折で名刺サイズになるので財布に入れやすいし、片面に季節の売りの商品を印刷して、さりげなくアピールしているんだ」

お客さまがお得感をもつインセンティブの見せ方

かえでは、気づいたことをまことに尋ねた。

「4回めに1コインで食事ができるということは、通常のほぼ半額ですよね。赤字にならないんですか」

「目のつけどころがいいね。うちのお店は食事が平均950円だから、950円×3回、最後が1コインだからプラス500円で、お客さまは3，350円のお金を使ったことになる。1コインで450円の値引きをしているから、450円÷3，350円で、全体で13・4％の値引きになる。でも、13・4％値引きって言っても伝わりにくいし、お得感が薄れてしまう。だから、1コインという表現に変えたんだ」

「単純に何％値引きで見せるんじゃなくて、見せ方を変えるんですね。四季彩だったらどうすればいいのかなあ？　表現力が試されますね」と、かえでは頭を抱えた。

「このカードなら負担なくお客さま情報を集められるから、うちのお店と同じ方法でもいいし、食後にスイーツを付けたり、店頭販売している焼き菓子をプレゼントしてもいいと思うよ」

まことの提案を聞いて、かえでは妙案を絞りだそうと頭をひねった。

「もしお客さまが期限の切れているカードを持ってきた場合、うちのお店では、期限が切れているのを分かってわざわざ持ってきてくれているんだから、特別に1カ月だけ期間を延ばす対応をしている。するかしないかは自由だけど、せっかく捨てずに持っていてくれたんだから、何かしてあげたいと思っての臨機応変策なんだけどね」

「このカードだったら、うちのお店でもすぐにでもはじめられそうです」

かえではさくらに顔を向けた。さくらも「やろう、やろう」と頷いている。

「一気に集めようとせず、月間100枚を目標にすればいいよ。3年で3，000枚になったら、リピートのお客さまで運用できるようになる。一人ひとりのお客さまを大事にしながら進めていってね」

かえでは、教えてもらったことをメモに取りながら、「お客さまに喜んでいただけるお店作りを心がけます。」と言った。

ポイント　**労せずお客さま情報を入手できるポイントカード**

●お客さま情報はスタッフの負担にならないように、お客さま視点で作り込む。
●インセンティブ交換のタイミングを短くすることで、財布に入れてもらいやすくなる。
●期日を設けて、優良なお客さまの情報だけを集める。
●インセンティブは、値引きや割引ではなく、見せ方を変えてお得感を演出する。
●お客さま情報は一気に集めようとすると精度が落ちる。

12　常連客に通ってもらえるイベントの作り方

客足が遠のくのは、飽きられるから

「かえでちゃんも、さくらちゃんも、うちのお店の特別会員だよね。うちのお店は、最初の３回カードで２カ月の間にポイントを貯めてもらったお客さまは、すべて特別会員

になるんだ。他のお店では、来店回数によってランクが上がっていくところもあるけど、カードの利用目的が明確ならば、それもいいと思う。目的は、お客さまに喜んでいただきながら、利用頻度を増やしてもらうことだからね」

まことは、一呼吸おいて続けた。

「外食業界で最も大事なのは、いつ来たかだ。いくら頻度よく来てくれていても、いくらお金をたくさん払ってくれていても、3カ月以上期間が空いてしまうと、再来店につなげるのは難しくなる。これはうちや四季彩のように、客単価が1，000円以下のお店の場合だ。記念日などの晴れの日需要でよく使われるフレンチやイタリアン、焼き肉店などは、期間を半年くらいで見るんだけど、それでも半年空いて来ない場合は、次の来店を促すのは難しいんだ」

「行かなくなったお店は、何となく足が遠のいてしまいますね」とかえでがつぶやく。

「その何となく、がこわいんだ。ほとんどの人が何となく行かなくなる。その間にも外食をしているということは、選択されなくなったってことだよね」

「選択されないって寂しいですよね」

さくらが店内を見まわしながらつぶやいた。

「寂しいで終わらせると次に進めないから、その原因を考えて、次の一歩を踏みだす必要があるんだ」

まことは真剣な表情でかえでを見つめた。

「何となく行かなくなるのにも理由がある。例えば、接客のレベルが落ちたとか、お店に清潔感がなくなったとか、同じようなお店でさらに安いお店ができたとか。色々考えられるけど、一番大きな理由は、飽きられること。変化がないとも言い換えられるね。それらを1つひとつ消していかないといけない」

「お店が変化しても、それがお客さまに伝わらなければ意味がないですよね」

まことの指導を受ける間に、かえでにも知らないうちに、問題を深く捉えて考える力が身についていた。

お客さま参加型のイベントを主催する

「つまり、変化する内容を決めて発信していく必要があるということさ。大手チェーンは、コマーシャルや雑誌を使って定期的に変化を伝えて、常に飽きられないように努力しているよね」

「私たちにはそんな余力はないです」

「商圏が狭いんだから、その範囲の人にしっかり告知ができればいいわけだ。入口のファサード（外観）を変えたり、チラシを作ったり、折り込みや情報誌を活用するのも手だね。大事なのは、いつも利用してくださるお客さまに知ってもらうことさ」

「それで、３回ポイントカードを使って、お客さま情報を集めて告知するんですね」

「一番利用してくれている特別会員のお客さまに真っ先に新情報を伝えて、来店につなげるんだ。かえでちゃん、うちのお店が実施しているイベントの案内を思い出して」

かえでは携帯を取りだして、まことのお店から届くダイレクトメール情報を探った。

「季節ごとに変わる新メニューの試食イベントをいつも楽しみにしているんです。誰よりも早く新作のメニューをお手頃価格で食べられるし、私たちの意見でメニューが進化してできあがっていくのが何より嬉しいんです。さくらのお気に入りは？」

「断然、高級ワインの試飲会！　普段飲めない高級ワインもイベントの特別料金でテイスティングできるから、自分に合ったワインを選べるし、何より飲み比べができるからハッキリと違いが分かって、友達にも説明することができるの。やっぱり、味わったことがないと高級ワインは手が出しにくいし、自分の好みも分かりにくいものね」

「高級ワインの試飲会は、僕も飲んでみないと高いものは手が出しにくいから、お客さまも同じじゃないかと思ってはじめたんだ。イベントでは、君たちから貴重な意見をもらえて助かってるよ。新作メニューの試食会では、意見を出してもらいながら、お客さま同士の新しいつながりを作ることもできて、お店をきっかけに横の広がりが作れる。スタッフとお客さまの距離もグッと近くなるから、その後は、お一人でも安心して来店いただける人が増えるんだ」

「私もイベントで知り合ってつながっているお客さまが多いです。イベントの度に、一緒にと連絡をくださる人もいます」とかえでがまことの言葉を受けた。

「お客さま同士でつながっていくのは嬉しいことだよね」

「季節のイベントも色々ありますよね。春の立食演奏会、夏の浴衣で落語イベントに、十五夜を楽しむスイーツの集い、お正月の書き初め大会もみんなの個性が出ていて楽しかったです」とさくらが指折り数えて言った。

「君たちには、いつもいろんなイベントに参加してもらって感謝してるよ」

「まことさん、イベントでコアなお客さまの囲い込みをしてたんですか？」

「うん。うちのお店のイベントは、お客さまにも参加いただくイベントが多いんだけど、参加することで記憶に残りやすくなるし、お店に愛着をもってもらえる。お客さま同士のつながりが安心感を生んで、お店に和んだ雰囲気が生まれるのさ」

空間を活用して、いつもと違うイベントを演出する

「まことさんにはいつもやられます。でも、それってどうやって生まれたんですか」

「うちのお店だって最初からお客さんがたくさん来たわけじゃないんだよ」

「へえ〜、意外。料理もとても美味しいのに」とさくらが口をとがらせた。

「僕も最初は料理には自信があったから、きっとお客さまは来てくれるだろうと高を括ってたんだ。でも、いざオープンすると、閑古鳥が鳴いて、一時は自信を失ってお店を閉めようって考えたこともあったんだ。ごう慢だったんだね。うちのお店がオープンする前から、その地域で頑張っているお店がたくさんあった。新参者なんだからより努力しないとって考え方を切り替えたんだ。そして、天井を眺めながら考えていたとき、閃いたんだ。『この空間をもっと活用できないか』って」

「空間を……、活用……ですか？」

「僕たちはＣａｆｅにとらわれているけど、もっと他に活用できるんじゃないかって思ったんだ。それで、お客さまに協力してもらって、都会の静けさを表現した写真展やお客さまの手作り作品展、日常の風景を切り取った絵画展など、お店を解放していろんなことをやったんだ。主催してくれたお客さまの知り合いがイベントに集まってくれて、お客さまが徐々に定着してくれた。お客さまに助けていただいたってこと。その経験から、料理だけでなく、経営の大切さに気づいて、経営ノウハウの勉強をはじめたわけ。今あるイベントは、色々とチャレンジしてみた結果、残ったものなんだ」

「まことさんにもそんな時期があったって聞いて、安心しました」

かえでは、そう言ったさくらの頭をちょこんと叩いた。

「空間利用か〜。うちのお店だとお庭もあるから、いろんなことができそうですね」

かえでの脳裏に1つのイメージがふくらんだ。

「もうすぐ紅葉の季節よね。この庭の紅葉、すっごく綺麗なんです。私の名前も、このお店の紅葉から弥生ちゃんがつけてくれたの。紅葉を愛でながら何かできないかなあ」とかえでは庭を眺めた。

「秋のかえで誕生祭ってどう？　私、この古民家に合わせて、イベントの日は着物で接客しちゃおうかな」

さくらは袖を持ち上げる格好をして、くるりとまわってみせた。

「さくら、すごくいいね。その日は立食形式で、お庭の紅葉を楽しみながらアンサンブルの演奏なんてのも雰囲気があっていいんじゃない」

「料理は季節柄、冬のメニューの品評会も兼ねて、お客さまに楽しんでもらうってどう？」

かえでとさくらのアイデアはどんどんとふくらんでいった。

まことも、庭を愛でながら、盛り上がる二人の会話に耳を傾けていた。

ポイント　常連客に通ってもらえるイベントの作り方

●外食業界で大事なのは、お客さまが直近でいつ来たか。
●店を空間ととらえて、活用方法を考える。
●イベントは、お客さま参加型で組み立てる。
●イベントで、お客さま同士の横のつながりを作っていく。

13　客単価を上げるための推奨のタイミング

セットメニューを提案する

庭の木々は紅葉で赤く染まり、苔の緑とのコントラストが映え、季節に鮮やかに染められたお庭と古民家Ｃａｆｅの調和の中、たくさんの人が集まってくれた。

常連のお客さまに連れられたお連れさまたちは、みな一様に、『駅近くにこんなお庭が綺麗なお店があったのね』と笑顔を浮かべ、ゆったりとした時間を楽しんでいた。

さくらが考案した、庭にたくさんのロウソクを並べた演出も好評で、店内では、近所の人が協力してくれた電子ピアノ、フルート、バイオリンのアンサンブルが花を添えていた。たくさんの新メニューの品評も入手でき、イベントは盛況のうちに終了した。


「さくら、インベトやってよかったね」

「準備の段階から、私たちが一番楽しんでいたかもしれないね」

　後片づけを終えたかえでとさくらは、中庭で一息つき、賑わいの余韻を体で感じながら空を見上げていた。雲間に浮かぶ満月も、二人にほほ笑みかけているようだった。


　翌日、かえでは、イベントの報告をするために、まことの店を訪ねた。

「こんにちは、いつきちゃん」

「あら、かえでさん、こんにちは。昨日のイベントはどうでした？」

「新しいお客さまにも大勢集まっていただけて、四季彩らしいゆったりとした時間を楽しめるイベントができたと思うの。お客さまよりも私たちの方が充実してたかも」

「うちのお店のイベントと重なってなければ、私も行きたかったです」

「私たち、味占めちゃって、定期的に開催することにしたの！　次はぜひ遊びにきてね」

「今度は、まことさんと一緒に伺いますね」

　気軽に話しかけてくれるこの店の柔らかな空気に触れることで、いつもかえでの気持ちは落ち着いた。

「まことさん！　かえでさんですよ」

カウンターの中で、まことはスッと手を上げ、笑顔で席に着くように促してくれた。

「今日、時間ある？　落ち着くまで、ちょっとそこでゆっくりしていて」

「今日は報告だけだから、気を遣わないでください」

まことは小さく頷いてOKサインを出した。かえでは店内を見まわしながら、OL時代、忙しく働いていたときに足しげく通ったこの店での時間を思い浮かべ、のんびりした時間を楽しめている今とのギャップに、自然と顔がほころんだ。

「お待たせ！　かえでちゃん、何だか落ち着きがでてきたね」

「そうですか？　というか、私ってそんなにバタバタしていました？」

そう言いながら、かえでは昔の自分の姿を思い浮かべて、「そうですね。ずいぶんバタバタしていましたよね。あれこれ悩みながら」と一人乗り突っ込みをして苦笑した。

かえでは、昨日のイベントの報告を行い、まことも嬉しそうに報告を聞いていた。

一通りかえでの話を聞き終えた後、まことは口を開いた。

「じゃあ、さらにステップアップしよう」

実はかえでも、新たなチャレンジをもらえる期待を胸に、報告に来ていたのだった。

「四季彩も、お客さまに喜んでいただくことで再来店してもらえる頻度が増えてきた。

今度は、客単価を上げる方法を考えてみよう」

かえでは、客単価を上げる？　値上げ？　と思って、「うちのお店は、今の単価を上げようとは思ってないんです」と、きっぱりと答えた。

「違う、違う。今の金額を上げなくても、お客さまに喜んでもらいながら客単価を上げていく方法があるんだよ」

矛盾するような不思議な話に、かえでは思わず、「待ってました！」と口走った。

身を乗りだすかえでを見て、まことはこくりと頷く。

「商品自体の単価を変えずに、客単価を上げるには、どんな方法があるだろう？」

「もう一品頼んでもらうとか」

「そう、もう一品追加で頼んでもらうために、メニューをうまく表現したり、うまく伝えることが重要なんだ。前にさくらちゃんとまわったチェーン店の見せ方については、聞いてる？」

かえでは、そのときに取ったメモを取りだして、内容を振り返った。

「入口で引き込むプライスとメニューのセット化で誘導するプライスの2プライス戦略」

「それを四季彩で活用してみよう。四季彩のコンセプトは、お客さまにゆったりとした時間を楽しんでもらうことだったよね。それなら、食事の後にミニスイーツをセットにして出したらどうだろう」

「ミニスイーツか〜。確かに、通常メニューのスイーツだとボリュームがあるので、頼みにくいかもしれません。それを小さくして提供するのか。それだったら、ミニスイーツを3種類つけたセットも色々楽しめていいかも。これでスイーツを試してもらって美味しいって思ってもらえたら、利用時間帯もさらに拡大できますよね」

「ドリンクも珈琲、紅茶のどちらかが付いているけど、プラス100円で他のドリンクに変更できたり、お味噌汁も、弥生おばあちゃん直伝の特製豚汁があるんだから、プラス100円で豚汁に変更できてもいいよね。夜のメニューで、メインを3種類選べる贅沢メイン3種盛りなんてものがあっても面白くない？」

「チェーン店でもよく見かけますね」

「何気なく見るんじゃなくて、使えるものがないかって考えながらしっかりと見ることが大事なんだ」

「この提案なら、今あるメニューで作れるので、すぐにでもできそうです。さくらに聞いたときは、食事とスイーツにはすでにドリンクを付けてたから、もうやっている気分になってました。まだまだやれることってたくさんありますね」

「スイーツの物販もあるから、それもうまく活用できるよ。お店でくつろいでいるお客さまに、『店頭で販売しているスイーツの割引チケットになります。店内でご飲食いただいているお客さまのみにお配りしております』と伝えて、3つ商品をお買い上げで1つプレゼントや、いくら以上お買い上げのお客さまに4種類から選べる大福プレゼントのチケットを配ったりすると、購買を伸ばせそうじゃない」

「柔軟に考えたら、まだチャンスは隠れてますね」

客単価を上げる3つの推奨のタイミング

「僕たちができる最大の特権がある。何か分かる？」

「個店の特権と言えば、『接客』ですね」

「その通り。お客さまが長居する業態、例えば焼き肉店や、フレンチ、イタリアンのお店、居酒屋で使えるテクニックとして、3つの推奨のタイミングがあるんだ。これを覚えていると、注文を取りやすくなるんだよ」

まことは、いつきを呼ぶと、「最初はファーストオーダーの推奨。いつき、よろしく！」と推奨の事例を話すよう指示した。

「ファーストオーダーの推奨は、お店の一押し商品、もしくは常連のお客さまであれば、季節の商品や日替わり商品です。『今の季節の商品は、牛ほほ肉のビーフシチューでございます。1頭から取れる量も少ないほほ肉を、赤ワインで24時間じっくりと煮込んでおります。ぜひトロトロの食感をお楽しみくださいい』という感じです」

「ありがとう。ここで大事なのがストップモーション！　いつきが今意識していたのが、足を止めて身振り手振りをつけること。会話はキャッチボールって言うだろう。動きながら説明すると、お客さまが話に集中できず、真剣に聞いてもらえないんだ」

「なるほど、足を止めて、身振り手振りをつけてか〜」

「今、いつきはお客さまに推奨のボールを投げた。次は、お客さまからボールを受ける番だ。だから、その場から足を動かさずに待つことが大事。ほとんどのお店が、推奨してもスタッフが足を動かして次の作業をしようとするので、せっかくの推奨に対する答えをのがしてしまってるんだ。その場から離れないでいると、お客さまが声をかけてくれる。『それ、お願いします』とか『他に何かないですか』ってね。では、次の推奨、よろしく」

「次は、召し上がったものを下げる際のバッシング推奨です。まずは『お召し上がりになったお料理は、いかがでしたか？』と尋ねます」

「かえでちゃんなら何て答える？」

「美味しかったです」

「そうだよね。日本人は優しいから『美味しかったよ』って答えてくれる人が多い。さらに、尾ひれをつけてくれる人が出てくる。例えば、『このほほ肉、ほんとにトロトロで美味しかったよ』や『横に添えてあるジャガイモ、すごく甘味がありますね』など。この尾ひれをつけてくださるお客さまは、『私はあなたと会話してもいいですよ』という合図をくれているんだ。だから、このお客さまに次の推奨を行うと、追加オーダーが取りやすくなる。では、続きをよろしく」

「はい。『プラス１００円で、ドリンクをもぎたてのフルーツジュースに変更できます。ビタミンも豊富でとっても美味しいですよ』なんて」

いつきはニコッと笑った。それを見たかえでは、「私も頼んじゃう」と答えた。

「ありがとうございます。『お召し上がりになったお料理は、いかがでしたか？』の答えで、推奨していいのかどうかをお客さま自身が教えてくれるので、簡単なんです。尾ひれをつけてくれるお客さまの見極めですね」

「いつきちゃん、すごいね～」とかえでは感嘆の声をあげた。

「そのテーブルのお客さまへの最後の推奨です。『食後のデザートですが、自家製のミニスイーツも色々ありますが、今日は、安納芋のチーズケーキと、表面をこんがりと焼き上げたキャラメルプリン、柚子風味豊かなシャーベットの３種類を少しずつ盛り合わせたお得なセットになっております。いかでしょうか？』。この最後の推奨はとても大事なんです。なぜなら、一人のお客さまが頼まれるとほぼ全員が頼まれるからです！」

「かえでちゃん、今のところがポイント！　最後の推奨は、一人が頼むと同じテーブルの全員が頼んでくれる場合が多い。だから、尾ひれをつけてくださったお客さまに語りかけるんだ！　アルコールをメインとする業態なら、『最後にお茶漬けメニューがございますよ』とか、『小ぶりのおにぎりメニューがありますよ』とか、『あっさり食べられるめん類がありますよ』などの文言で、『最後に少しお腹を満たして帰られてはいかがですか？』ってアピールするのさ。でも、多くのお店が、この最後のメニューに力を入れていないんだ」

「経営って次々と組み立てていくと面白くて、応用が利きますね。伝え方1つで大きく変わるんですね。いつきちゃん、よく覚えてるよね。尊敬しちゃう！」

「ショートメッセージカードですよ。これが配られているから、覚えやすくて、伝えやすいんです」

「こういうところに活きるわけね。推奨のタイミングを知ると、もっと有効に機能するんだね」

「じゃあ、今の話を数字に落として考えてみよう。名づけて、推奨のマジック！」

かえでとまことは、さらに深く掘り下げた話を続けた。

ポイント　客単価を上げるための推奨のタイミング

●今、あるメニューの量をコントロールし、セット化する。
●推奨には、足を止めて身振り手振りをつけて行う、ストップモーションを使う。
●滞留業態には、３回の推奨タイミングを活用する。

14 追加注文で利益が大幅にアップ

追加注文は、食材原価以外すべてが利益になる

「推奨には、驚きのマジックが隠れているんだよ」

「マジックだなんて大袈裟～。やり方は分かったんですけど、まだ秘密が隠れているんですか？」

色々な情報を聞いたかえでにとって、まだ驚きが隠れているとは信じられなかった。

「推奨は、客単価を押し上げるだけではなくて、実は利益を押し上げる効果があるんだ！」

「利益ですか？」

疑いのまなざしを向けるかえでに対して、まことは続けた。

「店の収支の話の中で、変動費のコントロールが大事って話したのを覚えているかい？」

「もちろん！　あれからうちのお店も毎日1日の目標客数を追いかけながら、徹底管理してますから。変動費は、食材原価、パート・アルバイトさんの人件費、それ以外をその他諸経費、この3つの管理ですよね」

「素直に実行しているね。感心、感心！」

自慢げなかえでの態度を受け流して、まことは言葉を継いだ。

「推奨して、追加注文が取れたときのコストについて考えてみよう。追加注文をもらった商品は食材原価がかかる。でも、追加注文を取るために人を増やしたりしないよね？」

「今いるスタッフが推奨するんだから、人件費は余計にはかかりませんね」

「その他諸経費はどうだい？」

「追加注文を調理するための光熱費は少しかかるかもしれませんが、微々たるものですね。ドリンクだったら、ほぼ諸経費はかからないし」

「その通り。その他諸経費もほぼかからないとすると、追加オーダーについては、食材原価以外はすべて利益に変わるんだ」

「そうなのかなあ、実感がわかないです」

セットを推奨するだけで、一人のお客さまが増えた効果

「ラーメン店の事例で話してみよう。1杯のラーメン600円に対して、食材原価30%、パート・アルバイトさんの人件費20%、その他諸経費が10%のお店があるとしよう。このお店の一人から得られる利益はいくら？」

「変動費を全部足すと60%だから、一人40%の変動利益が残りますよね。ということは、600円×40%で240円です」

「正解！　このお客さまにラーメンに餃子をセットにしたメニューを推奨して食べてもらえたらどうなるだろう。通常価格300円の餃子は、食材原価30%で90円かかっている。これをセットにして、100円値引きの800円で販売する場合、売上は200円増えるよね。その増えたものにかかるコストは、食材原価の90円。人件費とその他諸経費はどう？」

「推奨するためにスタッフが増えてないから、人件費は余分にかからない。諸経費もガス代が少しかかるだけで、ほぼかからない。だから純粋に食材原価の90円だけがかかって、残る110円が利益に変わるってことですか？」

「そう。ラーメン1杯から得られる利益は240円だったけど、餃子をセットにするだけで、110円の利益が増える。売上は200円しか上がっていないのに、それだけで

45・8％の利益アップになる。このセットを二人が頼むと110円×2で、ほぼ一人のお客さまが増えたのと同じ効果があるんだよ」

「売上は200円しか上がらないのに、効果は大きいですね！」

「推奨してもしなくても人件費は変わらないのなら、やった方が利益に貢献できるよね。推奨するとお客さまへのお声がけも増えるので、お客さまとの距離を縮めることができるし、お店も活気づくんだよ」

「そんな効果があるなんて驚きです。仕組みが理解できると、もっと推奨のお声がけに気合入りますよ。うちのお店だったら、客単価800円で一人から得られる利益が40％の320円なので、取り分けて食べられる手作り汲み豆腐400円、原価率20％を推奨すると、利益が320円上がって、一人お客さまが増えたことになる。すごーい」

「お客さまが1時間以上滞留する業態であれば、組数を含めて考えるといい。仮に、居酒屋の場合、売上が600万円、客数3，000人、客単価2，000円、二人連れの組数が多いお店としよう。このお店で利益をあと30万円上げるには、1テーブル二人組のお客さまにいくらの商品の推奨をすればいい？」

「客数を増やさずに推奨だけで30万円の利益を上げるには、まず一人に置き換えて、30万円÷3，000人で一人100円。1テーブル二人組なので、テーブルあたり200円の利益を上げる必要になるってことですね」

●ラーメン一杯の利益

		金額	構成比	客数		構成比
売上高				客単価	600	
変動費合計			60%	変動費単価	360	60%
変動費	商品仕入高(食材原価)		30%			
	人件費(パート・アルバイト給与)		20%			
	その他諸経費合計		10%			
変動利益			40%	変動利益単価	240	40%
固定費						
経常利益						

●餃子を組み合わせたセット売りの利益

		金額	構成比	客数		構成比
売上高				客単価	800	
変動費合計				変動費単価	450	
変動費	商品仕入高(食材原価)	+90円				
	人件費(パート・アルバイト給与)	±0円				
	その他諸経費合計	±0円				
変動利益				変動利益単価	350	
固定費						
経常利益						

※売上は200円しか上がらないが、
利益は110円好転する。

セット化推奨のマジック

「そう。まず一人に置き換えてから考えると分かりやすいよね」

「お店の原価率が30％だとすると、70％が利益に変わるから、２００円÷70％で、２８５・７円、つまり２９０円の商品を推奨できれば目標に到達できるんですね」

「３回の推奨のタイミングをうまく使えばできそうだろ！　今日の1品を推奨したり、追加のドリンクを推奨したり。金額がハッキリ見えると動きやすくなる」

「利益の構造を知るって大事ですね。うちのお店なら、最後に外販の推奨もできますしね。手土産の大福やわらび餅も効果を発揮しそう！」

「一人に落とし込んで考えると、『後いくら上げるか』が明確になって、行動に変えやすいんだよ」

「経営か〜。改めて大切さを実感しました。でも、私みたいに経営のことを知らずにお店をはじめる人って多いんですよね」

「そうだね。技術を教えてくれるところはあっても、経営ノウハウはほとんどの人が独学だからね。みんなここで行き詰って立ち往生しちゃうんだ。誰もが通る道さ」

「私は、まことさんがいてラッキーでした！」

まことは、少し照れながら、「この借りは、かえでちゃんが立派な経営者になったときに返してもらおうかな！」とかえでに握手を求めた。

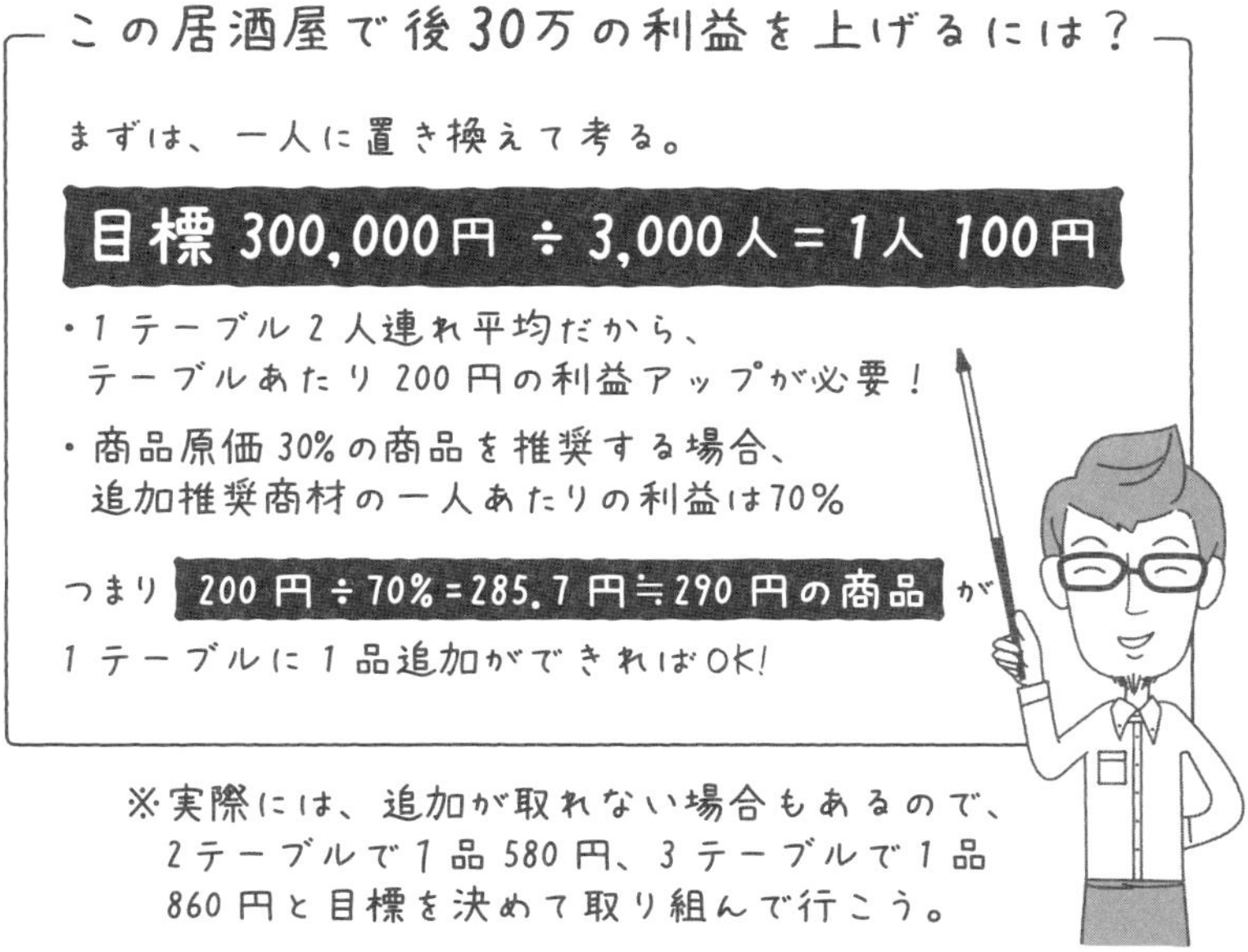
この居酒屋で後30万の利益を上げるには？
まずは、一人に置き換えて考る。
目標 300,000円 ÷ 3,000人 = 1人 100円
・1テーブル2人連れ平均だから、
テーブルあたり200円の利益アップが必要！
・商品原価30%の商品を推奨する場合、
追加推奨商材の一人あたりの利益は70%
つまり 200円÷70%=285.7円≒290円の商品 が
1テーブルに1品追加ができればOK!
※実際には、追加が取れない場合もあるので、
2テーブルで1品580円、3テーブルで1品
860円と目標を決めて取り組んで行こう。

滞留業態の推奨の考え方

ポイント **追加注文で利益が大幅にアップ**

●推奨で追加された商品の変動費は、食材原価のみ。残りは営業利益に変わる。

●利益の組み立ては、一人に置き換えて、『一人いくら上げるか』を考えると行動に移しやすい。

●滞留業態は何人連れが多いかを考え、1テーブルの組数で考える。

15 ついつい注文してしまうショートポーション戦略

次の注文につながるショートポーション戦略

秋も深まり、木々の葉も一斉に落ちはじめ、街は冬支度の準備をはじめていた。四季を楽しめるこの国で、1年で最も賑わう時期がはじまろうとしていた。

お昼のピークが過ぎて一段落した時間帯だった。扉を開けて入ってきたまことに、クリスマスの装飾をしていたさくらが駆け寄った。

「こんにちは。まことさん。今日は何の勉強ですか！」

まことは、「近くまで来たから、休憩がてらに寄っただけだよ」と答えた。

「な～んだ。新しい話が聞けると思って喜んだのに」

「たまには僕にも、この空間で憩いのひとときを楽しませてよ」

「そうですよね。考えてみると、いつも私たちが取り囲んで、ゆっくりとしてもらう感じじゃなかったですもんね。失礼しました。では、お庭が見えるお席へどうぞ」

庭の紅葉も葉を落とし、苔の緑の上で赤茶けた落葉が美しい絵画をなしていた。

まこともこの庭が気に入っていた。

「まことさん、ゆっくり楽しんでますか？」

くつろいでいたまことのところに、かえでがやってきた。

「そうだ！　ゆっくりしてたら、伝え忘れていたことを思い出したよ。かえでちゃん、今から一緒に出ていけるかな」

「私が店番してるからいいよ、かえで、行っておいで！」とさくらが、かえでの肩をポンと叩いた。まことはカップに残った珈琲を一気に飲み干した。

支度を終えたかえでは、さくらに軽く手を振り、戸外に出た。肌寒い風を頬に感じながら、「何を思い出したんですか？」とかえではまことに尋ねた。

「見せ方について」と言うまことに、かえではついていった。

かえでは、これまで学んできたことや実践に移して店がうまくまわりだしたことについて話しながら歩いていると、すぐに目的の場所に到着した。

かえでが連れてこられた店は、近所でも有名な高級焼き肉店だった。

席につくと、「遠慮しないで。オーダーお願いしま～す」とまことが店員を呼んだ。

「まことさん、私、まだ決まってないんですけど！」

「大丈夫、ちゃんと推奨してくれるから」

メニューを開いたまことに、かえでは軽く頷いた。

「ようこそ、いらっしゃいませ。当店は近江牛の専門店になっております。ご注文はお決まりでしょうか」

「まだなんだけど、おススメはありますか？」

「当店では珍しい特上の部位を多数取り扱えております。二名様でしたら、こちらの希少部位特上５種盛りはいかがでしょうか。高級部位を少しずつ食べ比べていただいて、お好みの部位を探されてはいかがですか？」

「それじゃ、それを１つ、お願いします」

しばらくして出てきたお皿には、牛の絵と一緒に、それぞれの部位の位置と特徴が書かれていた。丁寧な説明の後に焼き方のアドバイスまでしてくれた。

「この部位、とろける軟らかさで美味しい。ここは赤身の旨味が後を引きますね。この脂身、すごく甘いです」

美味しそうに頬張るかえでに、まことは、「これはショートポーション戦略って言うんだ。それぞれ一人前ずつ5種類頼むと金額が高くつく。でもお店は、ほんとはいいものを食べてほしい。そのために、いろんな部位を少しずつ、二人前のボリュームで出すことで一度にいろんな味を体験しやすくなるんだ。量は一人前の40％にして、5種類でちょうど二人前になるようにしてある。それを単価110％で設定しているから、お店も利益が増え、お客さまもお得さで喜ぶ。何より、お客さまに希少部位を味わってもらえるので、次の来店時にも、希少部位のメニューを頼んでもらいやすくなるわけ」

「これが全部一人前だと、お財布と相談して、結局通常メニューを頼んじゃうわ」

「お客さまは、食べたものでしかお店を評価しない。特上の希少部位が売りの商品なのに、それを食べていないお客さまもお店の評価をするから、怖いんだよ」

「売りの商品を食べずに評価されるのって、悲しいですよね」

「だから売りの商品は、食べてもらうための工夫をしないとだめなんだ。次は、同じようなやり方でチャレンジしている居酒屋さんに行ってみよう」

まことはそそくさとお勘定を済ませると、もと来た道を駅に向かって歩きはじめた。

「このお店のショートポーション戦略も面白いよ」

「それじゃあ、今日は飲みますか？」

「勉強のためだからね！　そこ忘れないように」

まこととかえでは笑いながら、居酒屋ののれんをくぐった。

「いらっしゃい〜。あれ、まことさん、今日は珍しく女性連れですね！　今日もカウンターでいいですか？」

「いいよ。ここは僕の行きつけのお店なんだ。ここのおススメは色々と勉強になるよ。今日は最初から利き酒セットでいこうかな。かえでちゃんは甘口派、辛口派？」

「結構イケる口なんで、辛口でいきます」

「それじゃあ、関西の利き酒セットからいくかい」

注文を聞くと店員は厨房に帰った。

しばらくして、店員は利き酒セットを持ってきた。

「こちらの日本酒は左から、灘、丹波、伏見の蔵元で作られています。右にいくほど、ガツンとした芳醇な香りと、スッキリ味わえる辛口になっています。まずはお好みのお酒をお選びください」

店員のテンポのいい説明に乗るように、左から口の中で香りを転がしながら、まこととかえでは飲み進めていった。

「どれも美味しいけど、私は一番右の伏見のお酒が好みです！」

「お客さま、それは昔ながらの日本酒らしいお酒です。伏見地域の同じ水を使って作られたお酒を３種類、利き酒されますか。蔵元の特徴を感じていただけますよ」

「お願いします」とかえでは答えた。

「すっかりご機嫌だけど、これは勉強だからね」とまことがかえでをたしなめる。

「分かってます。勉強も楽しくないと長続きしませんからね」

まことは、ちょこんとかえでの頭を叩いた。

「今飲んだ利き酒３種類は、１つ60mlだから、３種類で１８０mlだよね。これは升酒と同じ１８０mlで、１合になる。１つの価格を40％に設定しているので、価格は３倍の１２０％になる。かえでちゃんと同じようにこれを２回頼む人が多いから、升酒１合の２・４倍になる。知らないうちに客単価が上がってるわけ」

「ほんとですね！　でも、何となく納得できます」

「ポーションをコントロールする戦略は、推奨の説明が一緒にあって初めて目的を達成するんだ。お客さまに情報を伝えることで、色々と楽しめるお得感を演出しているのさ。焼き肉店も同じだろう？」

「情報がお金に変わるのか〜。お客さまも楽しんで納得しながら、お店にも利益がもたらされるって、すごいですね」

話している間に、次の伏見の利き酒が運ばれてきた。

「忘れず、ちゃんと覚えておいて活用するんだよ」

「はいはい、まことさんは北陸の利き酒セットからはじめますか?」

「今日の授業はこれぐらいにして、冬支度の前祝とするか」

酔いで頬を赤らめたかえでに、まことは呆れ顔でつぶやいた。

夜が更けるのも忘れ、かえでとまことは楽しく語らい、美味しい料理とお酒が話に華を添えていた。

ポイント　**ついつい注文してしまうショートポーション戦略**

- 高い料理でも量をコントロールし、セット化して、お客さまが試しやすい形を作る。
- ショートポーションにして価格を上げる場合は、情報をしっかり伝える。

16 わずかなロスも取りこぼさない方法

変動費のロスは、直結して利益が失われる

「さくら、先月もパート・アルバイトさんの人件費が予定よりも２％の６万円分余計にかかってる。食材原価も２％の６万円ロスしてるから、合計で12万円のロスが出てる」

「え〜、そんなに」

かえでの報告に、さくらは驚嘆の声をあげた。

「何とか８万円の黒字になっているけど、放っておけないよね」

「かえで、何か対策はあるの？」

「正直、何に手をつけたらいいのか分からなくて……」

「こういうときは……」

かえでとさくらは目を合わせてニンマリと笑いながら、「救世主に電話してみよう！」と声をそろえた。頼りの綱は、やはり、まことだった。

電話口で事情を聞いたまことは、かえでに、日別売上とメニュー、そしてシフト表を持ってくるように指示した。

年末が近づき、寒さが身に染みる季節になってきた。かえでは、迷惑にならないように、まことの店が終わる時間を見計らってドアを開けた。

「こんばんは！」

「かえでちゃん、もうすぐ片づくから、5分だけそこの席で待ってて」

かえでは、コートとマフラーを椅子にかけ、席に着いた。今日は、珍しく他のスタッフもいないようで、まことはいつきと二人で最後の片づけを行っていた。

「これで明日の準備もＯＫですね。私、明日休みですから、よろしくお願いします」

いつきは茶目っ気たっぷりに言うと、寒さに背中を丸めながらドアを押して出ていった。

まことは、入れたばかりの珈琲を2杯トレーに乗せて、ホールに出てきた。

「資料、持ってきた？」

「はい。何から対策を打てばいいのか分からなくて」

「まずは先月のシフト表を見せて」

黙って日毎のシフトを確認していたまことがつぶやく。

「やっぱりそうか」

やっぱりって、何が分かったんだろう？　とかえでは目を白黒させた。

「日別売上も貸して」

まことは資料を見比べながら、かえでに質問を投げかけた。

「朝はみんな一緒の時間に出てきてるね」

「私とさくら以外のスタッフは開店時間の10時出勤にしてたんだけど、みんな30分前に出勤してくれるんです。忙しいときに頑張ってくれてたから、10時でいいって言えなくて」

ロスが1％出ると、利益率が少ない業態は5％のアップが必要

「なるほど。1時間前に出てくる人もいるから、毎日二人のスタッフで1・5時間ロスしてる。夕方の交代時間も夜のスタッフの二人がだいたい30分早く入ってるから、それで1時間のロスか」

「夜は大学生なんで、学校から直接お店に来てくれるんです。その時間って微々たるものじゃないんですか？」

「微々たる時間の積み重ねが大きな金額になるんだよ。四季彩では、1日平均2・5時間の無駄が発生してる。これを時給に換算すると、2・5時間×30日×時給850円で、63，750円。売上が300万円だから約2％のロスだ」

「一人30分程度だって思ってたけど、こんなところにロスの原因が潜んでいたなんて」

「人件費や食材原価のロスは、売上のロスではなく、もっと重い、利益がそのまま失われていることなんだ。先月の12万円のロスを客数でカバーしようとすると、何人にな

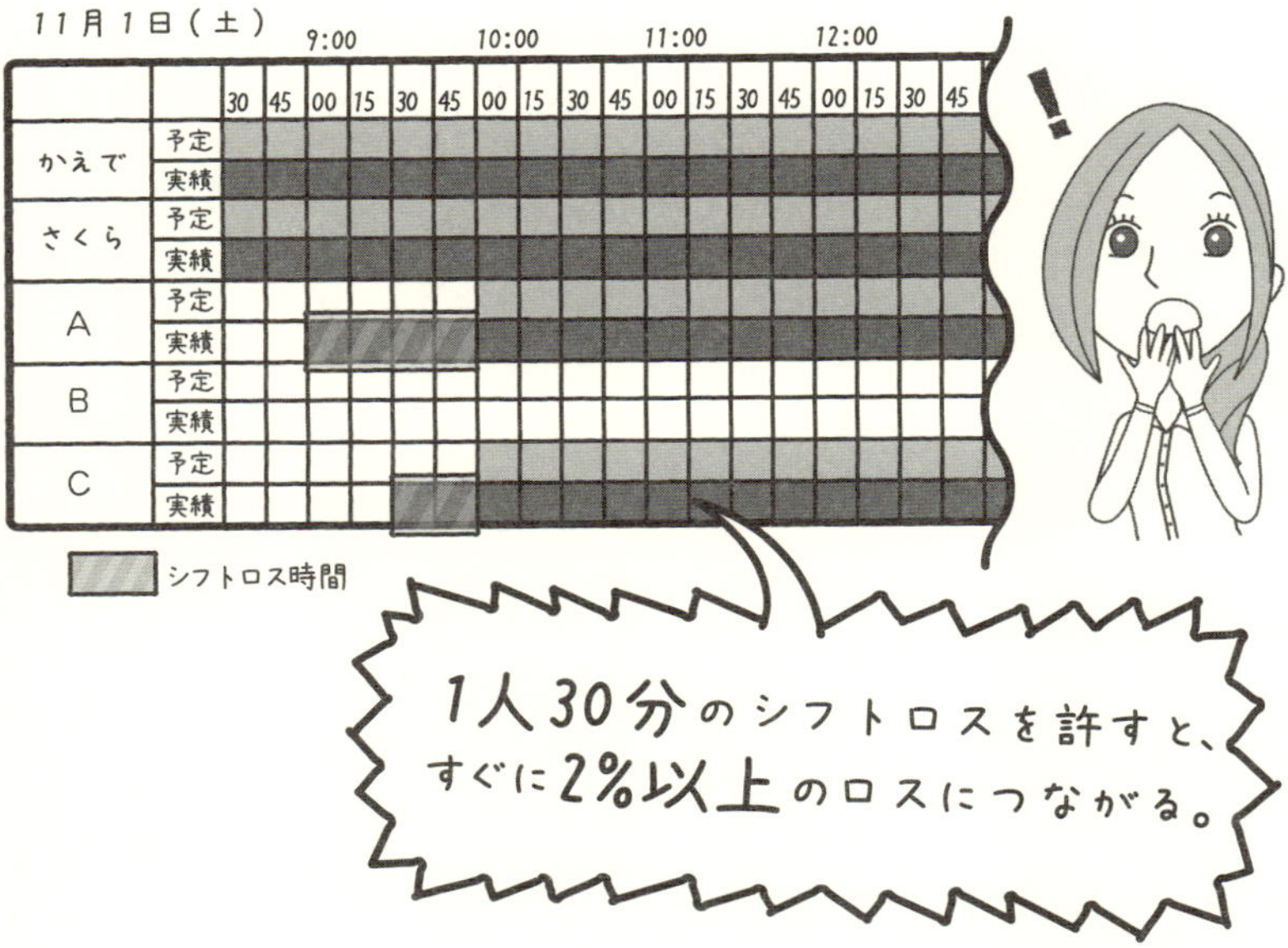

ちょっとしたことが数%のロスにつながる

る？」

「一人あたりの客単価が８００円で、ロスが４％出ているので、本来利益が40％になるところが36％になっていますよね。８００円×36％で一人あたり２８８円。ロスが12万円だから、12万円÷一人の利益２８８円で４１７人。１日にすると14人余計に来てもらわないといけないのか。11％以上の集客が必要ということですね。厳しい」

「ほんの数十分前後の出勤を見過ごすだけでこうなるのさ。ロスしたのは４％でも、取り戻すには11％以上の売上が必要ってこと。ロスが出ると約３倍の努力が必要になるんだ」

「意識しないうちに見過ごしてきたってことですか。反省です」

「まだあるよ。四季彩は10時オープンの20時30分ラストオーダー、21時閉店だよね。でも、パート・アルバイトさんも８時30分に出勤してきて、交代で21時30分までいる。かえでちゃんとさくらちゃんを入れて、はじまってから終わるまで常に四人いる。オープンのときから変わってないんじゃない？」

「はい。そのままです」

「ピークの時間以外、暇にしてたりしないかな？」

「確かに、朝の作業も四人いるとすぐに終わるし、夕方から夜にかけても緩やかにまわっている感じです」

「時間帯のシフトを見直す必要があるね。例えば10時からピークが終わる15時出勤の人と、昼のピーク前から夕方のスタッフの引継ぎまでの11時30分から17時の人、夕方から夜は、17時から21時までの人を、かえでちゃんとさくらちゃんと三人でまわすようにすれば、1日7・5時間×30日×８５０円で１９１，２５０円が改善されて、改善された分がそのまま利益につながる」

「でも、スタッフも長く働きたいって言うし、できるだけ希望を聞いてあげたいんです」

「スタッフ都合のシフトになってるわけか。逆に、忙しい曜日に人が足りていないこともあるよね」

「週末が忙しくなるんだけど、なかなか入ってもらえなくて」

「まずは人の名前を入れずに、曜日ごとの予定シフトを作り上げて、シフト調整もスタッフにしてもらうようにする方がいいよ」

「スタッフに頼んじゃっていいんですか？」

「その方がかえでちゃんの大変さも分かってもらえるし、休日もそれぞれが調整してもらいやすくなる。誰かが出られなくて調整してもらうと、今度はその人を助けないとって思うだろう」

「そうか、今まで私に一方通行で要望を出して、私だけが調整をしてきたから、みんなも何とかしてもらえると思っていたんだ」

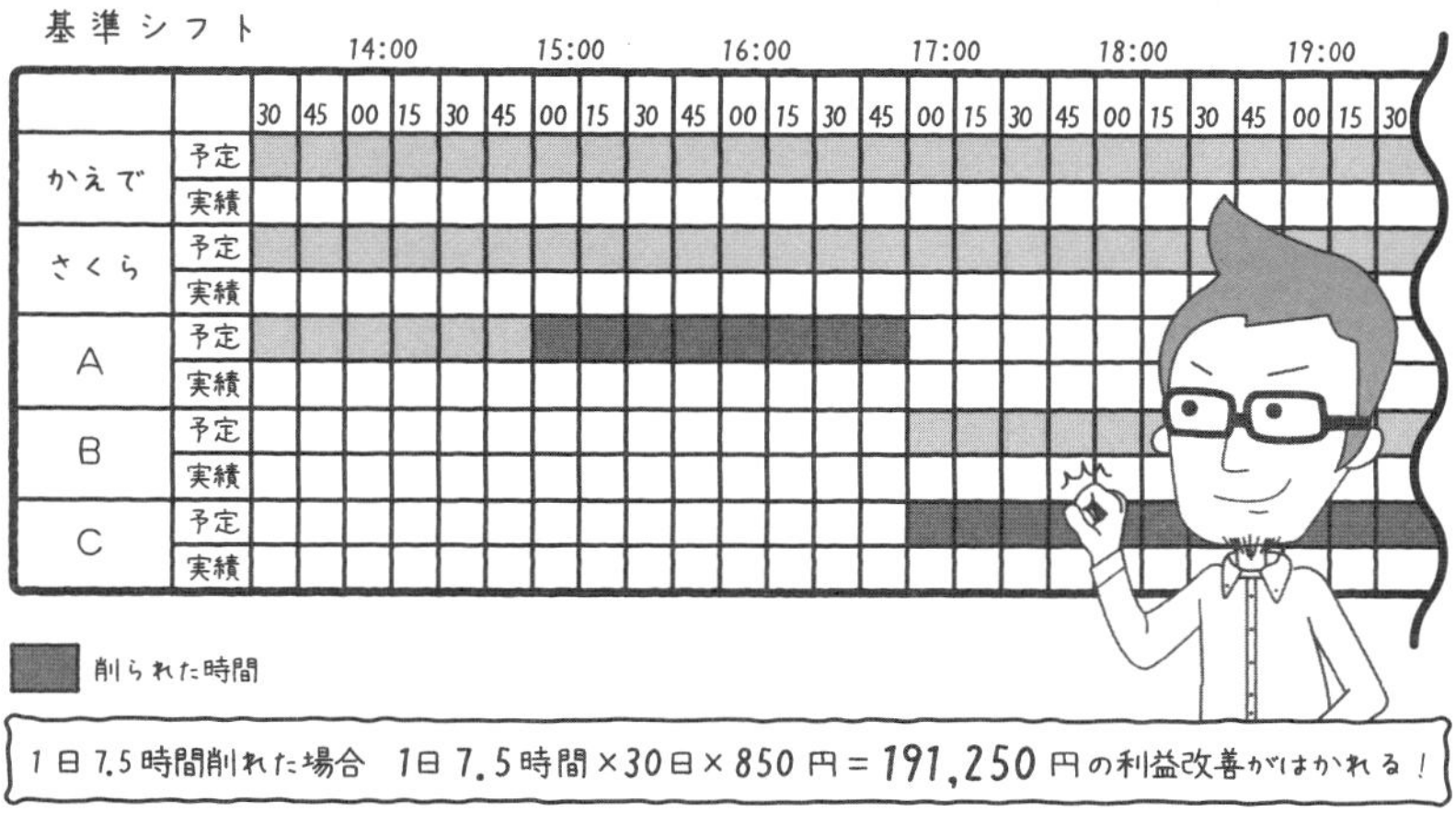
基準シフト
14:00
15:00
16:00
17:00
18:00
19:00
30 45 00 15 30 45 00 15 30 45 00 15 30 45 00 15 30 45 00 15 30 45 00 15 30
かえで
さくら
A
B
C
予定
実績
削られた時間
1日7.5時間削れた場合　1日7.5時間×30日×850円＝191,250円の利益改善がはかれる！

適正シフトを作る

「参加意識を高めると結束力も固まるのさ」というまことの言葉に、かえでは頷いた。

「大事なことは、お店は利益を出し、その利益をお客さまに還元していくこと。まずは、しっかり利益目標を決めて、そこに近づけられるように無駄をなくしていかないと。経営者は、利益をしっかり追いかけることが仕事なんだ」

「以前に一度聞いていたんだけど、対処の仕方が分からなくて、そのままにしてたんです。利益に無頓着でした。赤字だとお客さまへの還元どころじゃないですもんね」

ロスを低減するために、共通食材をアレンジする

「次は食材原価を見ていこう。まずはメニューを見せて」

まことは、メニューを見ながら、うすうす感じていたことを、かえでに端的に伝えた。

「かえでちゃんが作る料理はどれも美味しいんだけど、それぞれのメニューに使われている食材がバラバラなんだ。食材の種類が多すぎるってこと」

「そうか〜。場所も取るし、発注もややこしくなってます」

「食材はすぐに使わないと傷んでしまうしね」

「夏場にたくさんのロスが出たのも、それが原因でした」

「メニューを考えるときに注意しないといけないのが、共通食材でどれだけ多くのレ

パートリーを増やせるかだ」

「アイデアだけでメニュー作りをしていたのが、ロスにつながっていたんだ。同じ食材を使ってアレンジしなきゃだめなんですね」

「多くのお店と同様に、四季彩もメニューが増える傾向にあるね」

「お客さまのことを考えると、増やしても、減らせなくて」

「メニューは増えれば増えるほど売りが曖昧になって、お客さまが選びにくくなるんだ」

「削る勇気がなくって、つい残してしまうんです」

「メニューが増えてぼやけていくよりも、絞り込んでしっかりと売りを伝えていくことが大事。まずはこの2点に注意してメニューを見直してみて。そうするとロスが出にくくなるから。それができるようになったら、食材ごとの廃棄量を金額にしてノートにつけていくことと、盛りつけが一定量になっているかを定期的に見ていくこと。食材不足もしっかり見ていくと、機会損失しなくてすむから」

「分かりました。メニューの見直しに取りかかります」

「コンセプトをしっかり押さえて見直すんだよ。ロスの低減だけを考えてコンセプトから外れていくと、根幹が崩れるからね」

かえでは大きな声で「承知しました！」と言うと、まことに頭を下げた。

「経営ってやることがたくさんあるんですね」

「難しく考えちゃだめだよ。基本的にやることは3つしかないんだ。客数を増やすこと。客単価を上げること。ロスをコントロールすること。客数については、新しいお客さまを増やすか、常連客の来店頻度を上げる。客単価については、商品単価を上げるか、買い上げ個数を増やすか。この対策をどれだけ多く持っているかが、経営者の腕の見せどころってことさ」

「まだまだチャレンジが必要ってことですね」

「その気持ちを忘れなければ、後退することはないから大丈夫だよ」

店を出た二人には満月が大きく見え、澄みきった空気が街明かりを鮮明に映していた。

ポイント　わずかなロスも取りこぼさない方法

●Ｆ・Ｌ・その他諸経費合計のロスは、直結して利益が失われる。
●シフトは各スタッフの30分の積み重ねが、すぐに1～2％のロスにつながる。
●１％ロスが出ると、最低でも３％の売上アップが必要になる。利益率が少ない業態は売上５％のアップが必要になる。
●利益が出ないとお客さまへの還元ができない。
●メニューは、共通食材をアレンジする。
●メニューを増やす場合、今までのメニューの何かを減らす努力をする。

17 お客さまが減るときこそ、集中的に集客する

お客さまが減る月にこそ集客に力を入れる

正月は珍しく雪が降り、静かな年明けとなった。

かえでは、今年の目標に、『明確な利益目標を決め、利益をお客さまとスタッフに還元していく』ことを掲げた。目標の上には、スタッフみんなが笑顔で写った大型の写真とともに、『仕事を楽しむ』と書いた。

今日は初出勤の日だった。

「かえで、年明けから気合入ってるわね！」

さくらが、かえでに声をかける。

「何だか楽しい幕開けになりそうなの。今年は、自分たちが楽しいと思うことを中心に、仕事を進めていこうと思ってね」

かえではそう言うと、大きく深呼吸をした。

「そうね、私たちが楽しくないと、お客さまも楽しめないしね」

「何かを決めるときも、ワクワクできるものを優先して実行していこうって思ってるの」

「何だか、楽しくなりそうね！」

全員そろってのミーティングでは、かえでが作った今年度の目標を前に、各自が1年間何を楽しみながら活動をしていくか、という目標を発表するミーティングとなった。

スタッフの楽しく語らう熱気に、新年をよい形でスタートできたかに見えたが……。

正月明け早々は店を覗く人も多く、常連のお客さまを中心に活況を呈していたが、成人式が終わったころから客足が減ってきた。

「1月は客数が減るっていうけど、ほんとだね」

かえでは思わずさくらに漏らした。

「分かっていても、不安になるよね」

「では、例の場所に行ってみますか？」

かえでには強い味方がいるお陰で、この状況でもあまり不安はなかった。まことに電話をかけると、週末の金曜日の夜に来るように指示があった。

「確かその日は、まことさんのお店で『冬のホットワインとチョコフェア』がある日だったと思うんだけど。ほら、このチラシ。年始早々に届いてたよね。そんな忙しい日に相談しても大丈夫なのかな？」とかえでは小首を傾げた。

「でも、その日に指定があったんだから、行ってくれば」とさくらは答える。

「そうだ！　いつもの恩返しに、手伝ってくるか」

「なんで上から目線なのよ。手伝わせていただきます、でしょ！」

さくらはかえでをたしなめた。

庭の雪が夕日に照らされて輝き、静かな1日の終わりを告げようとしていた。

まことの店に少し早目に着いたかえでは、その光景を目の当たりにして驚いた。なんと、冬の寒い夕暮れどきに、ドレスとスーツで着飾った男女が店の外に列をなしていたのだ。

「かえでさんも来てくれたんですね。こちらが列の最後尾になります。もうすぐオープンしますので、こちらのカイロを持ってお待ちください」といつきがかえでに声をかけた。

「いつきちゃん、すごいじゃない！」

「数年前からやってるんです。ご近所の会社の方の新しい出会いの場として、バレンタインの前に実施しているんです」

「この寒い時期に行列ができるなんて驚いたわよ！　今日は私、手伝いにきたんだけど」

「じゃあ、中のセッティングのお手伝いをお願いしてもいいですか？」

いつきに促されて、かえでは店の中に入った。店内では立食形式の飲食準備が着々と進んでいた。

「かえでちゃん、どうしたの、そのエプロン姿！　もしかして手伝ってくれるの？」

まことがかえでに声をかけてきた。

「イベントの日に合わせて呼ばれたんですもの。何かあるかと思って準備してきました」

「嬉しいね。じゃあ、お言葉に甘えて、ホールのバッシング作業の手伝いを頼むよ」

「大丈夫です。何でも指示してくださいね」

かえでは笑顔で答えると、テキパキと準備を手伝った。

17時30分から開幕したフェアも開店と同時に賑わいを見せた。会社帰りのサラリーマンやOLが、店内の華やかに着飾った男女の姿に、足を止めて覗き込んでいる。店の前には、入替制の第2部がはじまる20時30分前から新たな行列ができていた。

忙しく動いていたかえでも、楽しむお客さまの姿を見ていると自然に笑みがこぼれた。イベントで撮影された写真は、すぐに店に掲示された。希望者には、記載してもらったメールアドレスにほしい写真をデータで送るサービスを実施していた。会場で出されたチョコとホットワインが買える物販コーナーでは、全種類の商品が完売となり、急遽追加注文の用紙が置かれた。そうして、フェアは大盛況に終わった。

予約しないと行けないお店になる

最後のお客さまを送りだし、片づけを終わらせた後、スタッフだけで簡単な慰労会が執り行われた。その最中、まことがかえでに今日のフェアについて話しはじめた。

「かえでちゃん、電話で1月は売上が下がるって言っていたよね」

「はい。成人式が終わってから客足がかんばしくなくて」

「確かに、どこのお店も1月は売上が落ち込む傾向にある。でも、それが分かっているのなら、早めに対策を打つことが大事だよね」

「言われてみれば、そうですね。指をくわえて待つ必要もないですものね」

「どんどん仕掛けていかないと、他のお店と同じになってしまうよ。実は、うちのお店も最初はそういうものだと納得していたんだけど、どこも気づきながらやらないのなら、チャンスがあるんじゃないかなと思って、逆手にとって動きだしたんだ」

「そこが、まことさんの変人なところですよね」とかえではクスッと笑った。

「変人も苦労するんだぜ！　最初は何度も失敗したんだ」

「まずはその失敗談から聞かせてください！」

貪欲に学ぼうとするかえでの姿に、まことは大きな成長を感じて頷いた。

「うちのお店って週末は賑わっているだろう。だから、最初は平日の夜にイベントを企画して実施したんだ。でも、お客さまは平日の夜は入りやすいことを知っている。だから、予約しないで来る。それで入れるから、『予約しなくても入れる店＝いつでも行ける店』に定義されてしまう」

「いつでも行けるお店。いいじゃないですか」

「それが、だめなんだ。お客さまの中ではいつでも行けるお店はたくさんあるから、逆に選ばれにくくなってしまう。『予約しないといけないお店＝特別なお店』にならないといけない。平日にイベントをやってたときは、すぐに入れるから、外から見た感じも賑わいが感じられない。入ってくれたお客さまも人数が少ないと盛り上がりに欠ける。そんな失敗からスタートしたってわけ」

「わざわざ選ばれるお店にならないといけないんですね」

「そこで考え方を変えてみた。まず、週末にお客さまが多いということは、その日が、お客さまが行動しやすい日ということだから、あえて週末にイベントを合わせたんだ」

「普通に考えて週末は黙っていてもお客さまが来てくださるから、お客さまが少ない曜日にイベントをやろうと思いがちですよね。忙しい曜日に実施したら、入れないお客さまが出てきますから」

「それだよ！　うちのお店も入れないから行列ができるようになったんだ」

「そう言えば、私がＯＬだったときも、週末は先輩に『早く行かないと入れないよ』って急かされてました。それから、平日は入りやすいことが分かって、平日に来るようになったんですけど。でも、いつの間にか平日も賑わうようになってましたよね」

「行列に並んだことのあるお客さまは、次は並びたくないと思うから、予約を入れたり、平日に来るようになるんだよ」

「特に冬の寒い時期は、並びたくないですもんね」とかえでは両手をこすった。

「一番集客が望める曜日は、街の人の流れも多い。その日に行列ができているお店を見ると、『流行ってるなあ、何のお店だろう』って思わない？」

「確かに気になります。私だったら人気があるなと思ったら一緒に並んじゃうかも」

「並んでいるということは、認められる何かがあるってことだよね。その安心感と共感心理が来店につながるんだ」

「今日も、行列を見て、何をやっているのかなって店内を覗き込むお客さまも多かったです。着飾った男女が見えるとワクワクしますものね。ショップカードを持ち帰る方もいました」

「イベントは、お客さまが一番たくさん来店する曜日に合わせて行うことが重要なんだ」

「今日来るように指示されたのは、これを見せるためだったんですね」

「そうだよ。お客さまが少なくなることが分かっているんだから、事前に仕掛けるんだよ。そのためにも、次につながる見せ方をして効果を持続させなきゃだめなんだ」

「それは分かりましたけど、肝心のインベトをどうやって告知して、人を集めたかっていうことは、まだ聞いてませんよ」とかえでは頬をふくらませた。

「実は、このイベントは12月から告知がはじまっていたんだ。まずは、お客さまが増える忘年会、クリスマスに合わせて、財布に入るサイズの簡単なチラシを用意しておく。バレンタインに向けての出会いの演出が年末からすでにスタートしてたってわけ。それから3回カードの特別会員のお客さまや名刺をいただいたお客さまに、年明けの挨拶を兼ねてイベントの告知をメールで送り、昨年の様子の写真をホームページとリンクをして見ていただく。これがそのページのリンクだよ」

まことはパソコンを開くと、ホームページに載せたイベント告知の写真を見せた。

「オープン前の行列の写真からあるんですね。お客さま同士の楽しげな写真で、より盛り上がりが実感できますね」

「この告知は、お客さま情報をもとに、ご近所の人から案内していくんだ」

「あっ、それも待った。ご近所からの告知も何かあるんでしょう」

「これも集中戦略なんだけど、一番来店してもらいやすいのは、お店から近いお客さま。近ければ近いほどいい。だから、ご近所に集中的に告知するんだけど、知り合い同士で案内がいくと話のネタに上がりやすくなるから、ご近所の常連さんが一番多い地域に徹底して告知を行うようにしてるんだ。その予約状況を見てエリアを広げていくのさ。企業でも同じ部署の人たちの情報は集まりやすいんだけど、それも一斉に全員に送ると、社内で話題に上がったときに、その部署の中でまだ来店していないお客さまを連れてきてもらいやすくなる。販促は、集中させてやらなきゃだめなんだよ！」

「このイベントの活動は12月からはじまっていたんですね。それで1月に行列か〜。1月はお客さまが少ない月だと決めてかかっていたのがもったいなく思えてきました」

「その状況は2月も続くから、今すぐ2月の対策をとればいい」

「まことさんは、もう2月の対策をとっているんですか？」

「今日から3日間のイベントのお客さまには、この『春先取りスイーツ試食会の案内』を渡している。2月に入ったら特別会員さんにも告知をはじめるよ」

「1回のイベントが、次のイベントにつながっていくんですね。どおりで、まことさんのお店のお客さまは、お客さま同士のつながりも強いわけだ」

「今では、ここでつながったお客さま同士のイベントに僕たちが呼ばれたりするからね。コミュニティは、お店を中心に発信したつもりが、いつの間にか新しくできあがったお客さまのコミュニティに入れてもらえていたりするから、嬉しいよね」

「かえでさん、お話、終わりましたか。栄養をつけて明日に備えてくださいね。イベントは後2日ありますからね」といつきが話に割り込んできた。

「いつきちゃん、私、今日だけなのよ。ごめんね」

「冗談ですよ。今日は本当に助かりました。かえでさんが入ってくれたおかげで、他のスタッフも楽しく働けました。私もかえでさんのお店に転職しちゃおうかな？」

「おいおい、いつき、それは勘弁してくれよ」

ここの店はほんとにいいスタッフがそろっている。四季彩もこの店のように育てていきたいと、かえでは新たに決意したのだった。

ポイント　お客さまが減るときこそ、集中的に集客する

- ●イベントは、お客さまが一番多く来店する曜日に合わせて行う。
- ●店に行列を作ると、並んだお客さまは、次の予約や空いている日に流れる。
- ●イベント告知は、連続性を持って行う。
- ●イベントの集客は、一番来店が見込めるご近所から集中して行い、状況を見てエリアを広げていく。
- ●お客さま同士をつなげ、コミュニティを形成させる。

第三章　スタッフ教育に繁盛店への近道がある

18　1週間で新人を育てる方法

毎日発生する作業しか教えない

３月に入り、春一番に乗って温かい気候が訪れ、芽吹きの季節を迎えていた。卒業と入学が交錯する時節柄、四季彩でも学生スタッフの入れ替わりで業務が混乱していた。

「かえで、新人スタッフの教育がうまくいってないと思うんだけど……」

「さくらもそう思う？　お客さまから声がかかっているのに、動きが止まってる感じ」

「ベテランのスタッフにしわ寄せがいって、笑顔が消えちゃってるしね」

「オープン当初は混乱の中、スタッフにはがむしゃらに覚えてもらったけど、改めてスタッフ教育を体系立てて行うって難しいわね。早く対策を打たなきゃね」

かえではそうつぶやくと、早速まことの店の電話番号をプッシュした。

「まことさん、新しいスタッフの教育の仕方なんですけど……」

かえでの電話に、まことは明るい声で答えた。

「来たね～。その季節だね。うちも来週から新人教育をはじめるから、見においで！」

「やっぱり、教育にも秘策はあるんですか？」

「とっておきのコツがあるよ。掴んでおくとお店のレベルを上げられるから、期待していてね。当日は、かえでちゃんも新人スタッフと一緒に働いてもらうから、エプロンを忘れないで」

段取りを聞いた後、お辞儀しながら電話を切ったかえでは、さくらに、「教育にもコツがあるんだって。またまたバージョンアップしに来週行ってくるね」と言い残すと、厨房に入っていった。

かえでは、教育のとっておきのコツを学ぶために、まことの店のドアを開けた。

「かえでさん、待ってました。今日は私が教育を担当しますので、よろしくお願いします」

かえでを出迎えたのは、いつきだった。

「えっ、いつきちゃんがスタッフ教育のコツを教えてくれるの？」

「はい。新人さんと一緒に頑張ってくださいね」

エプロン姿になったかえでは、いつきにうながされて新人スタッフの隣に並ぶと、バックヤードで実習がはじまるのを待った。

「みなさん、こんにちは！　本日、教育を担当します、いつきです。よろしくお願いします。早速ですが、今日から1週間でお店の業務を覚えてもらいます」といつきが挨拶した。

「えーっ。いつきちゃん、1週間で覚えるなんて無理じゃない！」

思わず口をついて出たかえでの一言に、新人スタッフたちも頷いた。

いつきは続けた。

「リラックスして聞いてくださいね。私たちベテランスタッフとみなさんの違いは、2つだけなんです。『商品（メニュー）を理解していること』と『作業を理解していること』。メニューはコピーがあるので、どんな商品がいくらで販売されているかを覚えてください。作業は難しいように思えますが、コツを掴めば誰でも簡単にできるようになります。ベテランスタッフも、みなさんと同じように2本の手だけで作業をしていますので、同時にできることは1つです。1つひとつの作業をつなぎ合わせているだけなんです。順番を覚えれば難しいことはありません。では、順番のマニュアルをお配りします」

配られたマニュアルを見て、かえでは驚いた。

「いつきちゃん、6ページだけ？」

「はい！　たったこれだけ覚えると、あとはマニュアルを見なくてもできるようになります。安心してください」

オープン準備(ホール係り)		
チェック日	完了区分	内容
/	□	店外掃き掃除。
/	□	外の灰皿交換。
/	□	傘の忘れ物は一旦バックヤードに保管。
/	□	手洗い：指は1本1本丁寧に、爪の間・手の甲・手首まで実施。
/	□	湯沸し、食器洗浄機電源。
/	□	コーヒーマシンの電源。豆・水補充
/	□	ソフトクリームサーバーの立ち上げ。
/	□	お茶の準備、ポット定位置セッティング。
/	□	ダスターの準備。(枚数と置き場所の確認)
/	□	店内掃除機掛け。(座敷は座布団をあげて掃除機掛け、床面は掃き掃除。)
/	□	お絞りウォーマーへ補充。
/	□	ホールをモップで拭く。
/	□	テーブルをすべて拭く。
/	□	サンやショーケース、商品棚などホコリをふく。
/	□	水槽磨き。
/	□	トイレ掃除。 (水で床磨き・便器洗い・ティッシュ補充・ゴミ箱袋変え。水しぶき拭上)
/	□	POSの電源を入れる。釣銭準備金として金種ごとに入れる。
/	□	手洗い：指は1本1本丁寧に、爪の間・手の甲・手首まで実施。
/	□	座布団位置合わせ、ペーパーナプキン・醤油・ソース・取り皿 醤油皿補充、昼メニューセット。
/	□	醤油・ソース・楊枝入れを拭く。
/	□	物販品の補充、賞味期限チェック。
/	□	ステーション定位置セット。
/	□	絵画、置物が曲がっていないかチェック。
オープン		
/	□	ディスプレイ看板、メニュー看板、記名代、登りを出す。
/	□	自動ドアの電源を入れる。
/	□	ロールスクリーン上げ
/	□	エアコン、照明、音響全ての電源を入れる。
/	□	10時オープン前に入口に立ち、 「いらっしゃいませ」の声掛けの実施。

一日の流れを順番に書きだしたマニュアル

いつきの説明に、新人スタッフの間の緊張が解け、安堵の表情が浮かんだ。

「マニュアルには、毎日発生する作業しか書いてありません。ですので、1週間でこの作業だけを完璧に覚えましょう。朝お店に入ってから、夜お店を出るまでの作業が、順番に書いてあります。この順番通りに実践すれば、誰でも簡単に作業をこなせます。分からないことが起こったらマニュアルを見てください。これをマスターすれば、次の段階の作業が理解できるようになるので、必ず覚えましょうね」

朝から帰るまでに発生する作業だけが順番に書いてあるんだ、とかえでは復唱した。

「みなさんは振り返って復習できるように、ポイントを押さえて、メモを取りながら聞いてください。それでは、はじめます。お店の業務は大きく4つに分かれます。『開店までに行うオープン業務』、『お客さまが来店してから行う日常業務』、『作業が落ち着いてから行う補充業務』、『閉店後に行うクローズ業務』。このうち、日常業務以外は、お客さまに関係なく作業ができるので、ベテランスタッフは順番を決めて、その順番に従って作業をしています。それがマニュアルに書いてある順番です」

かえでは、四季彩の作業を振り返った。毎日何も言わずに作業をやっている。それも、何となく自分たちが決めた順番で！　かえでは、はっとさせられた。

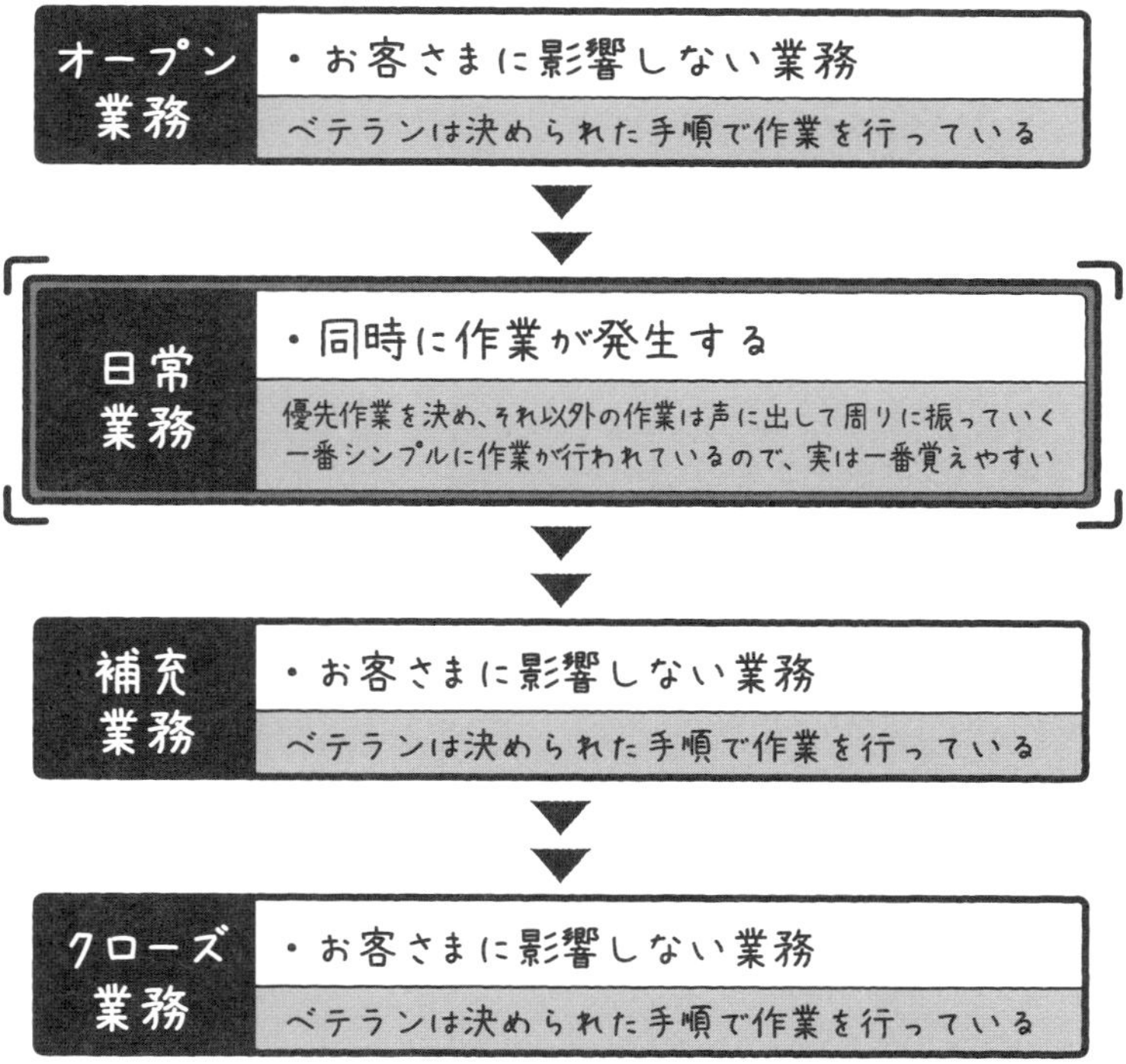

お店の大きな４つの業務

連携作業のルール

「みなさんが一番混乱するのが、日常業務です。日常業務は、お客さまが関わってくるので、各テーブルで様々なことが同時に発生します。お席に案内し、メニューやお水を持っていき、オーダーを受け、料理を作って提供し、レジを打ったりします。さらには、テーブルの片づけ、洗い物、洗った食器の片づけなどです」

そう。これらが一度に重なると、どれからすればいいのか分からなくなって、動きが止まっちゃうのよねと、かえでは心の中で頷いた。

「先ほどお話ししたように、私たちも2本の手しかないので、同時にできる作業は1つしかありません。ここで大事なのが、『連携作業』です。連携作業も、2つのルールを覚えれば、簡単にできるようになります」

かえでの顔からは笑顔が消え、いつきの話に真剣に聞き入っていた。

「1つめのルールは、『作業が重なったときは、優先作業を意識する』です。うちのお店の第1優先作業は、『温かい料理を温かいうちに提供することと速やかにドリンクを提供すること』です。第2優先作業は、『順番を意識する』です。入店の順番、オーダー取りの順番、オーダー出しの順番、テーブルからお声がけがあった順番。これらを意識しながら行動してください」

かえでは四季彩の作業を思い浮かべながら、いつきの話をメモした。

「1つの作業を行っているときは、同時に2つの作業はできません。でも、実際は同時に発生します。連携作業の2つめのルールが、『気づいたことは、すべて大きな声で周りに声がけする』です。お店の中では、あなた以外に複数のスタッフが動きまわっています。声がけすることで連携が取れ、誰かが誰かをカバーするために動きます。新人さんは、必ず自分が行っている作業も大きな声で宣言してください。そうすると、ベテランスタッフに自分の動きを理解してもらいやすくなり、次の指示も受けやすくなります。この2つの作業を意識すると、チームとしてフォローし合いながら活動できるんです」

「いつきちゃん、1週間で業務を覚えられるコツについて、もう少し詳しく教えてくれますか？」

いつきはニッコリほほ笑むと、みんなに向かってさらに話を続けた。

「マニュアルには、毎日発生する作業しか書いていないと言いましたよね。でも、実際はそれ以外にもイレギュラーな作業がたくさんあります。それを一緒に説明すると、覚えることが多すぎて、肝心な毎日発生する作業を覚えることが遅れますよね。同時に教えられると混乱して、確実に作業が止まってしまいます。だから、最初の1週間は、毎日発生する作業しか教えないで、日常業務の流れをしっかりと身に着けてもらうようにしています。ですので、教えられたこと以外の作業が発生した場合は、大きな声で周りに声がけをしてください。それはベテランスタッフが優先してやります」

「いつきちゃん、たまにしか発生しないイレギュラー業務は、いつ教えてもらえるの？」

「1週間経って、日常業務がしっかりと覚えられたと判断した後に教えていきます。日常業務をこなせるようになれば、一通りの作業は問題なくできるようになりますから、安心してください」

かえでは、今まで何となく実施していた作業を、はじめて体系的に教えてもらった気がした。

ポイント　**1週間で新人を育てる方法**

- 作業は流れで教える。
- 最初は、毎日発生する作業しか教えない。
- 同時に発生する日常業務は優先作業を決める。
- 気づいたことは声がけを行って周りに助けを求める。

19 頭でイメージさせる右脳型学習法

作業は実際に見せながら説明する

「具体的に作業を教えていきますが、その前に、作業を覚えるためのコツがあるので、最初にお伝えします。それは、右脳型学習法です」

右脳型？　初めて聞く言葉に、かえではあっけにとられた。

「人は、頭の中でイメージできたことしか行動に移せない生き物です。例えば、家のドアを開けてくださいと言われたとします。すると、頭の中で、ドアを開けるイメージを思い浮かべます。１つのカギの家、２つのカギの家、ドアの取っ手を手前に引く家もあれば、横にスライドして開ける家など、様々あると思いますが、人それぞれ一様にイメージを思い浮かべることができます。作業も同じです。頭の中でイメージできないと行動に移せません。ですから、これからすべての作業を実際に見せながら説明します。ポイントをメモしてください。分からないことがあれば何度でも動作を見せますので、遠慮なく言ってください」といつきは言った。

これまで主に説明だけして、動作は勝手に見て覚えて！　という教え方だったから、新人スタッフはなかなか覚えられなかったんだ。忙しくなると、一度説明したことは、「前て、余計に覚える速度を遅らせていたかもしれないと、かえでは猛烈に反省した。

自分よりずっと若いいつきが、しっかりと教育する姿を見て、かえでは、新人スタッフを感覚的なやり方で教えてきた自分を恥ずかしく感じた。

「家のドアを開けてくださいという質問に対して、みなさんが思い浮かべたイメージはそれぞれ違っていたはずです。つまり、説明だけの教え方では、思い浮かべるイメージがバラバラになるということです。覚え方もバラバラになり、当然、行動もバラバラになります。すると、新しいスタッフへの教え方も、人によってバラバラになるんです。基準を作るために、まずは動作を見せることを優先しています。見せることでみなさんのイメージを統一し、次に教えるときも同じように見せながら教えることができるので、お店に統一感が生まれるんです」

すごい発見だとかえでは思った。考えてみれば、自分とさくらは、昔から弥生の姿を見よう見まねしながら作業を覚えてきたけれど、四季彩の新人のスタッフは、聞きにくかったかもしれない。最初に作業を見せながら説明すると、新人スタッフにも動いてもらえるんだ。１つひとつの作業が、面白いようにイメージとして浮かびあがってくる。かえでは、自信がよみがえるのを感じた。

「まずは、歩く動作からはじめます。説明しながら見せますので、ポイントをメモしてください」

いつきは、自ら歩きながら説明をはじめた。

「歩き方を美しく見せるには、膝を前にだす形で、いつもより少し大股で歩いてください。猫背にならないように背筋を伸ばすとより美しく見えます。みなさんも、私が歩く後ろをついてきてください」

そう言うと、いつきを先頭に、新人スタッフたちが後について歩きはじめた。

「かえでさん、足を意識しすぎて下を向いているので、猫背になってますよ。私を見てください。背筋を伸ばして」

かえでは、一瞬で動作が統一されるのが分かった。

「次は、ストップモーションです。動く動作と止まる動作をしっかりと区別しましょう。お客さまに説明するときは、しっかりと足を止めて、ピシッピシッと手元指先をしっかり止めると美しく見えます。『お客さま、こちらでございます』。ここでしっかりと手と指先を止めてから、次の行動に移ります。はい、一緒にやってみましょう」

いつきは笑顔の作り方も交えながら、形の見本をどんどん見せて説明した。

「次は、さらに美しく見せるための動きです。お客さまから呼ばれたときに、半歩前で一旦立ち止まってから半歩踏みだすと、美しい姿でお客さまに相対することができます」

こういった小さな積み重ねを当り前のように実践できているからこそ、このお店は自然

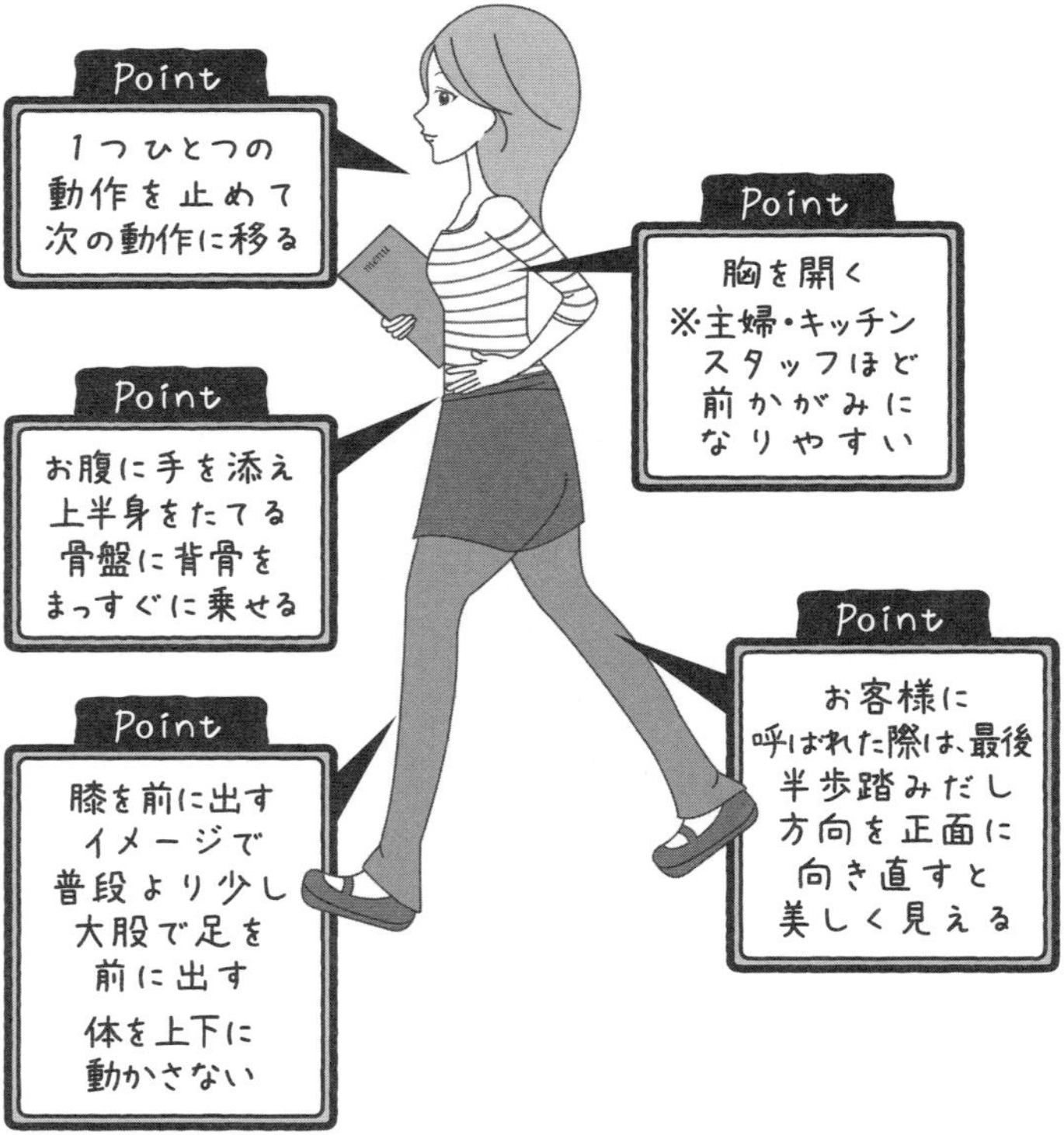

動作を見せてイメージさせながら教える

体の中に丁寧さを感じることができるのだと、かえでは今さらながらに気づいた。

「次は、日常業務で実施する挨拶の仕方をお見せします」

そう言うと、いつきは、声の出し方、体の傾斜角度を再現した。先にイメージを刷り込んでくれるので、簡単に理解を深めることができ、続けて同じ動作を実践することで、注意すべきポイントも的確に体得できた。お盆の持ち方、お茶の運び方、注文の取り方、料理の運び方、片づけ、テーブルセッティングの仕方と、丁寧に教えるいつきの姿に感心しつつ、かえでは、たくさんのポイントをメモした。

「一旦、10分間休憩します。その間に、みなさんがとったメモを元に振り返りをしておきましょう」

形を見せて教えると、同じように教えられるようになる

休憩中もかえでは、いつきをつかまえて質問をぶつけた。

「何回も同じことを聞かれて再現するのって、面倒じゃない？」

「面倒に見えて、実はそれが近道なんですよ。だって、新人さんたちが早く一人前になってくれると、私たちベテランスタッフの作業が軽減しますし、形を見せながら教えることで、私がいなくても、その形を次の新人に教えてもらうことができるんですから。

今、手間がかかっても、のちのちは、私たちが助けられるんです」

「そうか～。うちが苦慮しているのは、そこだったかもしれないわ。忙しいときなんて、説明だけで終わらせていることが多いし、自分でやった方が早いから、教えるよりもついついやってしまうのよね。だから、なかなか覚えない状況になってた気がする」

「覚えるのに時間がかかると、スタッフの不安が消えないから、辞めるのも早くなるんですよ」といつきは顔をしかめた。

「採用にも広告費がかかってるし、育てるにも余分に人件費がかかるから。すぐ辞められると、一からやり直しだもんね。いつきちゃんはどうやってこの教え方を覚えたの？」

「まことさんですよ」と言うと、いつきはまことの方を指さした。

「実は私、最初に勉強の仕方について聞かれたんです」と言って、いつきは舌を出した。

「勉強の仕方と仕事の覚え方って関係あるの？」

「大ありなんです！　幼児のころって文字は書けないけど、見たものに言われた言葉を当てはめて覚えていくでしょう。人間の頭って、本来は映像化されたものを覚える仕組みなのに、どんどん暗記の勉強、つまり左脳型の勉強に変わっていくそうです」

「確かに、大人になるに従って記憶型の勉強になるよね」

「そんな私たちも、実体験が伴うと、覚えやすくて忘れにくいと思いませんか。記憶の勉強に映像が加わるから、右脳と左脳が一緒に働いて、忘れにくくなるんですって」

いつきの説明に、かえでは納得の表情を浮かべた。

「まことさんからそれを聞かされて、まずは形を覚えるように徹底して仕込まれたから、同じように教えることができるようになったんです」といつきは目を輝かせた。

「感激！　脳の構造を考えて教えるなんて、しらっとした顔をして、まことさん、ほんとにやり手だわ」とかえでは目を細めてまことを見た。

普段、作業を行っているかえでにとっても、納得することの連続だった。

「さらに応用できるんですよ」

いつきはそう言うと、応用の話をはじめた。

ポイント　頭でイメージさせる右脳型学習法

- 人は、頭でイメージできたものしか行動に移せない。
- 作業は形を見せながら、説明して教える。
- 形で教えることで再現性が生まれ、同じように教えられるようになる。

20 お店のルール作りは伝統芸能に学ぶ

守破離の教えに習う

「かえでさんは、習いごとは何かしていましたか？」

かえでは着付け、茶道、華道と一通りの習いごとは経験していた。しかし、あくまでかじったレベルであり、極める域には達しておらず、途中で行かなくなっていた。

「花嫁修業的な習いごとは、それなりにたしなんだかも……」

「自信なさげですね。でも、体験していると分かりやすいと思います。どんな習いごとですか？」

かえでは、一番長続きした茶道を答えた。

「日本の伝統芸能の世界って、型にすごくうるさいって思いませんでしたか？」

確かに、最初は決まった所作を覚えるところからはじまったとかえでは思った。

「実は、そこに物事を覚えるコツが詰まっているんです。日本の伝統芸能は、守破離といって、師の流儀を習い、励み、他流をも学ぶことを重視した教えがあります。まずは『守』（＝まもる、まねる、もの真似する）ということからはじまります。ほとんどのお店の新人さんは、体系を教えられず、いきなりやってみてと言われて、スタッフは自分なりの形で仕事をやっていくんです。でも、これでやるとバラバラのやり方になってしまい、その先、統一するのが難しくなるんです。だから、最初にしっかりとやり方を統一させることで、誰に聞いても同じ回答を引きだせるようにしているんです。最初は何でも、もの真似ですから、やり方を見せることが大事なんです」

かえでもやり方が覚えられず、ＯＬ時代に何度も同じことを注意され、体で覚えていったことを思い出し、苦笑した。

「次に『破』（＝破る、オリジナルを重ねていく）。基本ができた後に、オリジナルに進化させていくんです。基本がしっかりとできているから、迷ったときは基本に立ち返って考えることもできますし、基本を押さえた上で新しいやり方に進化させていくので、よりよいものを追求していけるんです。以前働いていたときにこんなやり方をやっていなかったと言って、店舗のオペレーションを乱すキッチンスタッフなんかがいるんですけど、これを許すと、その後、確実に教え方の違いが出てきて混乱を招いてしまうんです。それに、許されるんだという雰囲気が生まれて、言うことを聞かないスタッフが増えて、その結果、まとまりのない店舗になってしまうんです」

「自分たちよりベテランのスタッフが入ってきた場合に起こりがちよね」

「はい。でも妥協せず、まずは自分たちのやり方を再現してもらうことが大事なんです」

「いつきちゃん、芯が強いのね。私だったら流されそう」とかえでは肩をすくめた。

「しっかり踏んばらないと、お店を混乱させちゃいますからね」といつきは腕を組んだ。

「でも、もし、そのやり方がよかったら、どうするの？」

「その場合も同じです。まずは、自分たちの形を実施してもらうまでは妥協しません。それは、その人を否定しているのではなくて、混乱させないためなんです」

「一人が違うやり方でやると、次に連携して動くスタッフもいろんなやり方を覚えないといけなくなるもんね」

「基本の形をしっかり覚えて再現性が認められた後に、そのベテランスタッフには、自分のやり方を見せてもらうようにしています。そちらのやり方が効率的だと判断できれば、最後の『離』（＝離れていく、新しい形に乗り換えていくんです）。変える場合は、店舗の全員がその形に変えていくということが大事なんです。そして、変えた形がもとに戻って、最初の『守』（＝まもる、もの真似する）形に変わっていくんです」

「なるほど。ベテランスタッフのやり方を否定するのではなく、店舗の混乱を招かないように、形を統一させてから進化させていくのね。これだと混乱せずに成長できるわね」

「伝統芸能が時代に合わせて進化しながら成長してきた結果、今も古びずに受け継がれているんです。私たちが知らないだけで、進化せずに同じやり方を貫き通して、時代に置いていかれた文化もたくさんありそうですね」

「変化し続けることも大事ということか〜。でもそれは、基本の形を全員で守りながら、全員で変えていくということなのね」

人材教育は教える側に問題がある

「かえでさん、じんざいを漢字で書くと、人材の他に、人財とも書けるし、人罪とも書けますよね。人を財産に変えるか、罪に変えるかは、私たち教える側が担っているんですよ。せっかくなら、多くの財産に変えたいですよね」

「人が育たないのは、教える側に問題がありそうよね」

「ほとんどの場合、教えられる側より、教える側の問題の方が多いんですよ。人が育たないと嘆いている経営者は、人を育てられないと置き換えて、自分の問題として取り組まないと、変われませんからね」

かえでは、身につまされながら、ふと前を横切ったまことを見た。

「もしかして、それも、まことさんの〜」

「う・け・う・りです！」といつきはかえでにウインクした。かえでも、思わずニンマリと笑い、「このお店、統一しながら進化していってるものね〜」と、感心するようにつぶやいた。

「それじゃあ、休憩を終えて、次の指導に移りますか」

「まだ、コツはあるのかな？」とかえでは、いつきを見つめた。

「次は意識づけをさせて、覚えるスピードを上げていくやり方についてお話しします」

かえでは、まさかその回答が返ってくるとは思わず、少し驚いた表情で新人スタッフと一緒に、再度一列に並んだ。

ポイント　お店のルール作りは伝統芸能に学ぶ

- 守……守る。基本のもの真似からはじめる。
- 破……破る。基本ができてからオリジナルを認める。
- 離……離れる。新しい形に全員が移行し、それがまた守られていく。
- 店舗の全員が変化し続ける。
- 人が育たない理由のほとんどは教える側に問題がある。

21 期日を区切って、実施内容を必ずチェックする

教えた日に、振り返りと実演の時間を設ける

「今から、実践しながら振り返りを行っていきます。教えられたこと以外のことが発生したら、大きな声で他の人に作業をうながしてください。新人のみなさんに大事なのは、黙って抱え込まないことです。自分が実施している作業も声に出して宣言すると、ベテランスタッフもフォローしやすくなりますからね」

全員が少し緊張した面持ちで、教えられた作業に取りかかった。

しばらくすると、いつきが、「みんな、声が出てないよ〜、フォローできないので、声出していこうね〜」と声をかけた。

テキパキと動くかえでを横目に、ワンテンポ遅れて新人たちが動きだす。

いつきが、作業するかえでに近づくと、「今日はあまり動かないでくださいね」とささやいた。手伝いがメインじゃなかったんだと舌をだすかえでに、いつきはウインクした。

改めてフォローの仕方を見ると、まことといつきは、説明しながら何度も形を見せ、ポイントをメモさせていた。繰り返される言葉は、「声が出てないよ」だった。

研修の終わりには、ほとんどの新人スタッフが声を出しながら作業できるようになり、

より的確な指示につながるようになっていた。

「声を出してもらえるだけで理解度のチェックができるんです。これもポイントです」

いつきは、かえでに耳打ちした。かえでは納得して、何度も頷いた。


終了の時間が近づく中、いつきは新人スタッフを集めた。

「みなさん、今日はお疲れさまでした。作業イメージは定着してきましたか？ あと15分ありますので、メモを見ながら教えられた内容の振り返り作業をしてください。どこまで覚えられているか、最後にチェックしますからね」

おのおのが、熱心にメモを見ながら振り返り作業をはじめ、お互いに確認を行っていた。そして、終了時間間際に、いつきが再び声をかけた。

「今日実施した歩き方、挨拶の仕方、お客さまの来店から、退店までの流れを、教えられたように実演してもらいます。メモを見ながら、順番を意識してやってください」

いつきの指示のあと、新人スタッフたちは一人ずつ実演をはじめた。いつきは、作業の漏れや順番をチェックしながら、自ら重要箇所を実演して、間違っている部分は再度メモを取らせていった。

次回のチェック日を設け、その日に必ずチェックを行う

「最後に、作業の流れを書いた6枚のマニュアルを出してください。一番左の欄にチェック日と書いてあります。今日、教えた内容の横に、各自の次回出勤日を書きますので、その日に、先ほど実施した実演を再度行います。問題なくできれば、完了のチェックマークが入りますので、頑張って振り返りをやってきてください。もし、できなかった場合は、チェック日はさらに次の出勤日に書き換えられます。楽しみながら、振り返りをやってくださいね」

各自の次回出勤日が書かれ、最後の挨拶が交わされた。

「最初に形を見せて教えられたとき、終了15分前の振り返り、終了間際の今日教えられた作業の実演、チェック日を設けることによる家での振り返り、次回出勤日の最終チェック。短期間で5回振り返りがあるのね。1週間で覚えられる理由が見えたわ。いつきちゃん、今日はありがとう」とかえではいつきに頭を下げた。

「かえでさん、最後のチェックもポイントなんですよ。まことさんがいつも言うのが、教える側の最後の仕事は、期日と納期管理だって。ちょっとした工夫をするだけで、覚える速度が劇的に早くなるんです」

「最後にチェック日を設けられるのと、そうでないのとでは、受ける側の心構えが変

わってくるもんね」

「責任が伴うんです」といつきは言い切った。

「責任か〜。それで自分の仕事として覚えようとするんだ」

「もう1つ大事なことが隠されているんです」

「何なに！　それもコツなのね」とかえでは身を乗りだした。

「それは、私たちの仕事です！　例えば、チェック日にチェックしなかったとします。振り返りをやってこなかった人は、助かったと思い、さらに、どうせチェックされないんだから、最初からやらなくてもいいやと考えるようになるんです。もっと大きな問題は、せっかく振り返りをやってきた責任感の強い人が、チェックされないことで、やってきたのに損をしたと思うようになり、やらなくなっていくんです。結果、みんなやらなくなる。チェック日を決めたということは、約束を交わしたということです。その約束を、上の人の方が破るケースが多いんです。そんな人の言うことは聞いてくれませんよね。だから、交わした約束は、必ず私たちが先に実行しないといけないんですよ」

いつきの言葉には重みがあった。そして、強い責任感が感じられた。

「覚えてもらえない理由の大部分が、私たちの側にあったなんて、なんだか責任を相手に押しつけてた気がする」

「早く覚えてもらって、助けられるのは私たちなんですから、丁寧に教えていかないと。

私たちが確実にチェックしていくと、相手も必ずチェックされると意識して、確実に振り返りをしてくれるようになるんです。お互いの約束が実行されていくから、店舗のレベルが上がるのも早くなるんです」

「私たちがまず約束を守らないとね」

「かえでさんは、大丈夫ですよ！　それに、かえでさんは作業を日々行っているので、この教え方のコツを掴めば、新しいスタッフも覚えるのが格段に早くなりますよ」

「いつきちゃん、今日は目からいっぱいうろこが落ちたわ！　まずは、さくらと一緒に、自分たちの動作をマニュアルに落とし込んで、体系立てていくようにするね」

「ここからはまことさんにバトンタッチしますね」

今日のいつきの後ろ姿は、凛々しく輝いていた。

ポイント　期日を区切って、実施内容を必ずチェックする

- 最初は声がけを徹底させる。
- 教えたことは、その日のうちに振り返りの時間と実演の時間を設ける。
- 次回のチェック日を設け、その日に必ずチェックを行う。

22 分厚いマニュアルは誰も見ない

基本作業はベテランスタッフに抜きださせる

仕事を一段落させたまことが、珈琲を2杯入れてカウンターに出てきた。

「お嬢様、本日の実地講習はいかがでしたか？」

まことはほほ笑みながら、香りたつ珈琲をかえでの前にそっと置いた。最後に、スプーンが手前にくるようにソーサーをまわした。

「いつきちゃん、すごいですね。私もちゃんと教育されて覚えていったわけじゃないので、何となく作業していたことが身に染みて分かりました。教える側がしっかり理解していないと、教えられる側も覚えるのが遅くなるのも無理はないって感じました」

まことも珈琲の芳醇な香りを楽しみながら、静かに話を聞いていた。

「四季彩のスタッフが、なかなか覚えられない原因が分かりました。このマニュアルは、まことさんが作ったんですか？」

まことは、口の端でニッと笑い、「いつきが作ったんだよ」と答えた。

「いつきちゃんがですか！　すごく分かりやすい。これなら持ち歩けてすぐに振り返りもできるし、行動にも移しやすいって思いました」

「かえでちゃん、これを見て」

まことはかえでの前に、1冊のファイルを置いた。

「僕が作った最初のマニュアルだ。これだけのものを作ろうとしたら、仕事の合間をみて、休みなしで数カ月かかったよ」

かえでがページを開くと、挨拶の仕方からはじまり、機器の使い方や衛生管理に至るまで、様々なことが紙面に刻まれていた。

「業務を全部まとめると、これくらいになりますよね」

「店舗の運営って、いろんなことが起こるよね。全部表現すると、何冊にもなってしまう。かえでちゃん、これを見て覚えられるかい？」

「これを最初に渡されると、自信をなくすと思います」

「だよね～。最初のころは渡してたんだけど、これだけあると、肝心の日常業務の知りたい部分を探すのも大変だし、持ち運べないから、結局、誰も見てくれなかったよ。当然、覚えるのも遅くなるし、宝の持ち腐れさ」

「そう考えると、作らなくてもいいやってことになっちゃうんですよね」

「あるに越したことはないけど、使えるものに編集することが大事だと思ったんだ。そこで考えたのが、1日の流れを簡素にまとめることだった。いつきもこのマニュアルを一切見ないで、見よう見まねで覚えてくれたんだけど、それで育つ人もいれば、なかなか覚えられない人もいる。だから、いつきに、朝来てから夜帰るまでの1日の流れを簡潔にまとめてもらうことにしたのさ。毎日発生する作業だけを書く、たまにしか発生しないことは書かないというルールで。マニュアル作りの問題点は、どこまで盛り込むかでボリュームが変わること。でも毎日、必ず発生するものだけを書くと、案外簡単にできるんだよ」

「確かに、こんなものかって思いました」

「少なくなれば持ち歩ける。それが最大のメリットだ。いつでも振り返れて覚えやすい。早く覚えられることが自信になって、仕事の不安が消えて楽しく働けるようになる」

「毎日発生する作業だけを最初に教えると、日常業務の立ち上がりが早くなりますね」

「教えるときに大事なのは、最初はたまにしか発生しないイレギュラー業務を一切教えないこと。日常業務と一緒に、『たまにこんなことがあるよ』とか、『2日に1回はこういうことをします』なんて話を入れると、何が大事なのかが区別がつかなくなって、覚えるのが遅くなっちゃうんだ。ベテランのスタッフほどいろんなことを知っているから、それをやってしまうんだけどね」

「私もさくらも、やっちゃってます」

「仕事は、大木と同じで、しっかりとした幹を作ることが大事なんだ。だから、最初に毎日発生する基本作業だけを抜きだして、そこだけを繰り返し教える。そうすると、流れがしっかり理解できるようになる。幹がしっかりとしたあとに、イレギュラー業務を教えていけば、どの作業のあとにやればいいかが分かるようになる。幹ができれば、枝葉が伸ばしやすくなるってわけさ」

「いろんなことを言いすぎて、混乱させていた気がします。なのに、覚えるのが遅いなんて文句ばかり言ってた……」

2割の基本作業を覚えると、8割の業務をこなせる

「簡単な例で話をするね。四季彩もPOSレジを使っているだろう。いろんな分析ができるように、機能がたくさんあるよね。覚えるのが難しそうだから、教えてもらったあとでも、自信がなくて会計場に近づかないスタッフが多いと思わない？」

「その通りです」

「うちでは、商品選択のやり方と、一括取り消しのやり方、あとは現金決済のやり方しか教えないんだ。同じ商品を頼まれたときの数量変更や、間違えたときの行削除や商品訂正、クレジット決済や商品券の取り扱いは教えない。商品は一件ずつ打って、間違ったら一括取り消しで、最初からやり直す。現金以外のお客さまは、すぐにベテランスタッフを呼んで会計業務から離れてもらう。そうすると、現金処理のお客さまだけを相手にして、同じ作業を1週間繰り返すうちに、基本操作は完璧に覚えられる。それを覚えてから他の

使い方を教えるので、大木でいう枝葉、つまり日常業務以外のイレギュラー業務もすぐに理解できるようになるんだ。現金処理だけで、どれだけのお客さまの対応ができると思う？」

「80％くらいですか？」

「うちでは97％なんだよ！　いろんな機能を覚えなくても、97％のお客さまの対応をしてもらえると思ったら助かるよね。２：８の原理って聞いたことない？」

「上位２割の会社が、全体の８割の売上を作っているっていうやつでしょう」

「そう。いろんなことの例えで使われるんだけど。店舗運営も同じで、２割の基本作業を覚えると、全体の８割の業務がこなせるようになる。だからうちでは、２割の基本作業だけを、最初の１週間で徹底的に教えるようにしているんだ。それだけで８割の業務を助けてくれる。残り８割のたまにしか発生しないイレギュラー作業を覚えても、埋まるのは残った２割だけだからね。そこは、ゆっくり覚えてもらえばいいのさ」

「いろんなことを詰め込むことが非効率だって、痛感しました」

「まずは、キッチン側の日常業務の流れはかえでちゃんが作って、ホール側の日常業務の流れはさくらちゃんに作ってもらえばいいよ」

「手分けして作ってみますね」

「それじゃあ、お腹もすいただろうから、美味しいまかないでも作るとしますか！」

そう言い残し、まことはキッチンに消えていった。

ポイント　分厚いマニュアルは誰も見ない

- マニュアルには、毎日必ず発生する業務だけを記載する。
- 2割の基本作業を覚えると、8割の業務をこなせる。

23 問題の原因を見つける4つの領域

問題の原因は、作業の前工程にあり、影響は後工程に現れる

3月も中旬を迎え、草木が芽吹き、緑が映える景観とともに、四季彩にも新しくはじまる季節の慌しさが漂っていた。

雲ひとつない鮮やかな空の下、さくらが朝の掃除をしていると、駅から店に向かってくる見慣れた姿が目にとまった。

「あっ、まことさん、お久しぶりです」

「さくらちゃん、久しぶり！　こんな青空の下なのに、笑顔が消えてるよ。スマイル、スマイル。お客さまはそんな姿も見ているからね。前を通る人に朝の挨拶をしないと」

「それが、新人教育がどうもうまくいかないんですよ」とさくらは顔を曇らせた。

「そうかな～っと思って、覗きにきたんだ」

「それはよかった！　開店まで時間があるから、中でぜひ聞いてください」

さくらは待ちきれず、「かえで、まことさんがアドバイスを持ってきてくれたわよ～」とまことの手を引っ張って店に入ってきた。その声に反応するように、かえでもキッチンから飛びだしてきた。

「新人スタッフの覚え方にバラつきがあって困っているんです」とさくらは眉根にしわを寄せながら、口火を切った。

「さくらちゃん、人それぞれ性格や感性が違うからね。覚えるスピードはみんなバラバラだって」

「しょうがないから諦めろっていうことですか？」とさくらは、まことに詰め寄った。

「諦めるんじゃなくて、やり方を考えるんだ」とまことは、さくらをたしなめる。

「考えるって言っても、どう考えたらいいか、さっぱり分からないし」

「1つひとつを正確にこなすけど時間がかかる子や、覚えるのは早いけど雑な子、それぞれ人によって性格が違うよね。でも、さくらちゃんには、こうなってほしいという理想がある。その理想とギャップがあるからムズムズしているんだよね」

「そのギャップの埋め方が分からなくて」

「それは、その子の事象を見ているだけで、そうなっている原因を掴んでいないから、改善の仕方が出てこないんだよ」

「私もその原因について聞きたいです」とかえでも、神妙な顔でまことを見つめた。

「例えば、キッチンから料理ができてきているのに、ホールスタッフが全員お客さまにつかまっていて、誰も運べなかったとしよう。料理は冷めていき、冷めた料理を提供すると当然クレームにつながり、作り直しを余儀なくされる。それが昼どきの忙しい時間帯で、他の注文も作らないといけないとすると、かえでちゃんなら何て言う？」

「なんで、もっと早く持っていかないの！　って、言っちゃいます」

「それが、事象だけを見て話をしているってこと。それを言われたスタッフは、どう思う？　たまたま私が持っていっただけなのにって、ふてくされない？」

かえでもさくらも頷く。

「ホールスタッフが、全員お客さまにつかまっているときってよくあるよね。ということは、また、同じことが起こる可能性があるということ。僕たちは、問題の事象を見て、つべこべ言っちゃダメなんだ。それが起こっている原因を探して改善しないかぎり、同じことが繰り返されるんだよ。ほとんどの問題はお客さまに影響が及んで、クレームになって返ってくる。こないだ、仕事を流れで教えると言ったけど、問題も流れで起きるんだ。問題の原因は、その作業の前工程にあり、影響は後工程に現れる」

「さっきの問題の原因はどこにあるんですか？」

「原因は、優先順位が決まってなかったことにある。何があっても、温かい料理を温かいうちにお客さまの元に運ぶことをルールにしていれば、キッチンスタッフができた料理をホールに声がけしても、ホールスタッフがお客さまにつかまって運べない場合は、キッチンスタッフ自身が持っていくという選択になるんだ。これで、お客さまのクレームはなくなり、同じ問題も起きない」

問題の前工程に原因が隠れているから、それを解決しないといけないのか、とかえでは納得した。

4つの窓で領域を分析する

「本題に入ろう。スタッフ教育のバラつきについて、今、起こっている問題は何？」

「分かりましたと返事はいいんだけどなかなか業務を覚えられない子と、1つひとつの作業にとても時間がかかる子がいるんです」とかえでは答えた。

「それは個人の問題だね。一人めの返事がいい子は、分かったと返事はするけど実際は

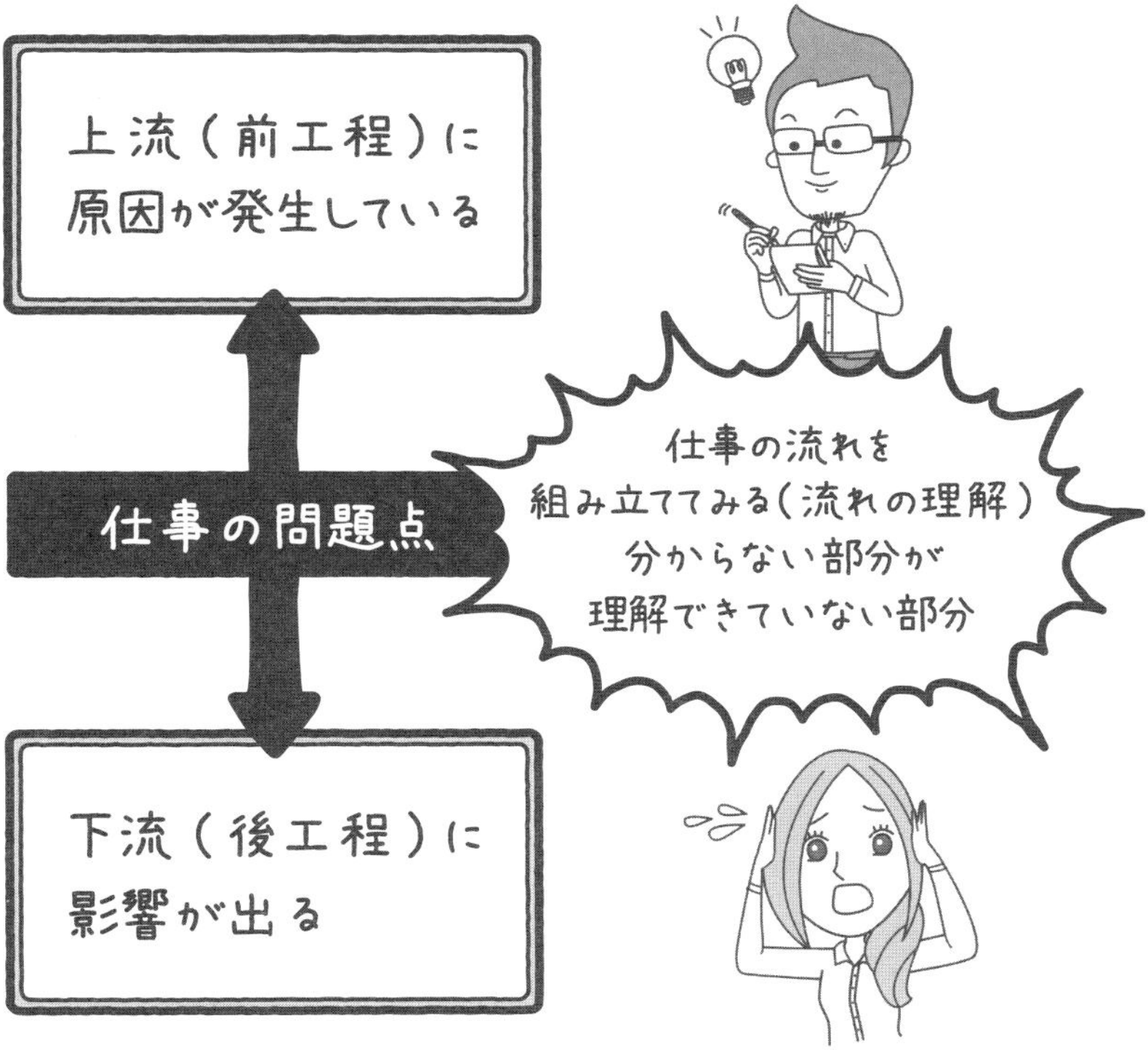

問題点の原因は前工程にあり、影響は後工程に現れる

分かってない。なぜ分かったと返事をしてしまうのか。教えられることが嫌いな子もいれば、プライドが高くてつい口走ってしまう子、忙しいときに迷惑をかけてはいけないと思って分かったと言ってしまう子、いろんなケースが考えられる。でも、本当は分かっていないから問題が起こっているんだ。その子の場合は、分かったと回答したことを、その場で実際にやってもらうことだね。そういう子ほど、ポイントをしっかりとメモを取らせて、書いたメモをチェックすることが大事なんだよ。その場ですぐにやってもらうから、理解度も確認できるよね。期日を区切って、定期的にチェックすることも重要だ。分かりましたという言葉に甘えて、ほったらかしにしてはだめだよ」

「忙しくて、その言葉を鵜呑みにしているところがあります」

さくらは、跳ね返ってきたボールが顔面に当たったような感覚だった。

「丁寧に育ててあげると仕事を助けてもらえるんだから、目をかけてあげてね」

「はい」と、さくらは反省した様子で返事をした。

「次は、作業に時間がかかる子だね。この子の作業手順は間違っていないのかな？」

「やり方は合っているんですが、丁寧すぎて時間がかかるんです」とかえでが答える。

「丁寧なのはいいことだ。この場合の指導の仕方はすごく大切なので、しっかりメモしておいてね。この子は、手順は合っていて作業も理解しているけど、時間がかかる。そんなときに、『何やっているの、早くして！』なんて言うと、やり方が間違っているのかなって思って混乱する。だから、この子には、時間を区切るようにすること。言い方は、『手順は間違ってないから、テーブルの片づけとセッティングは1分半でやろうね』と、明確な時間の基準を伝えることで、作業も早くなっていくよ」

「この子たちのタイプって違うんですか？」というさくらの問いに、「この紙を見てごらん」と、まことはカバンから4つの窓が描かれた紙をテーブルに広げた。

未経験の領域と可能性の領域

「一人めの子は、『理解していなくてできていない未経験の領域』。この領域は何度も見せて、実際にやらせて、その子の右脳にイメージを刷り込んでいくことが大事。次の子は、『理解しているけどできていない可能性の領域』だね。この領域は、時間を区切って反復させることが大事なんだ。そして、『常にできる領域』。これは理解もしていて実際に行動もできているから、他の人に教えることもできる。だから、いかにみんなを早くこの領域に導けるかが教える側の手腕なんだよ」

「どの領域にあてはまるのかを考えるのか」とつぶやきながら、さくらは、「これ、いただけますか？」と言ってさっと手に取った。

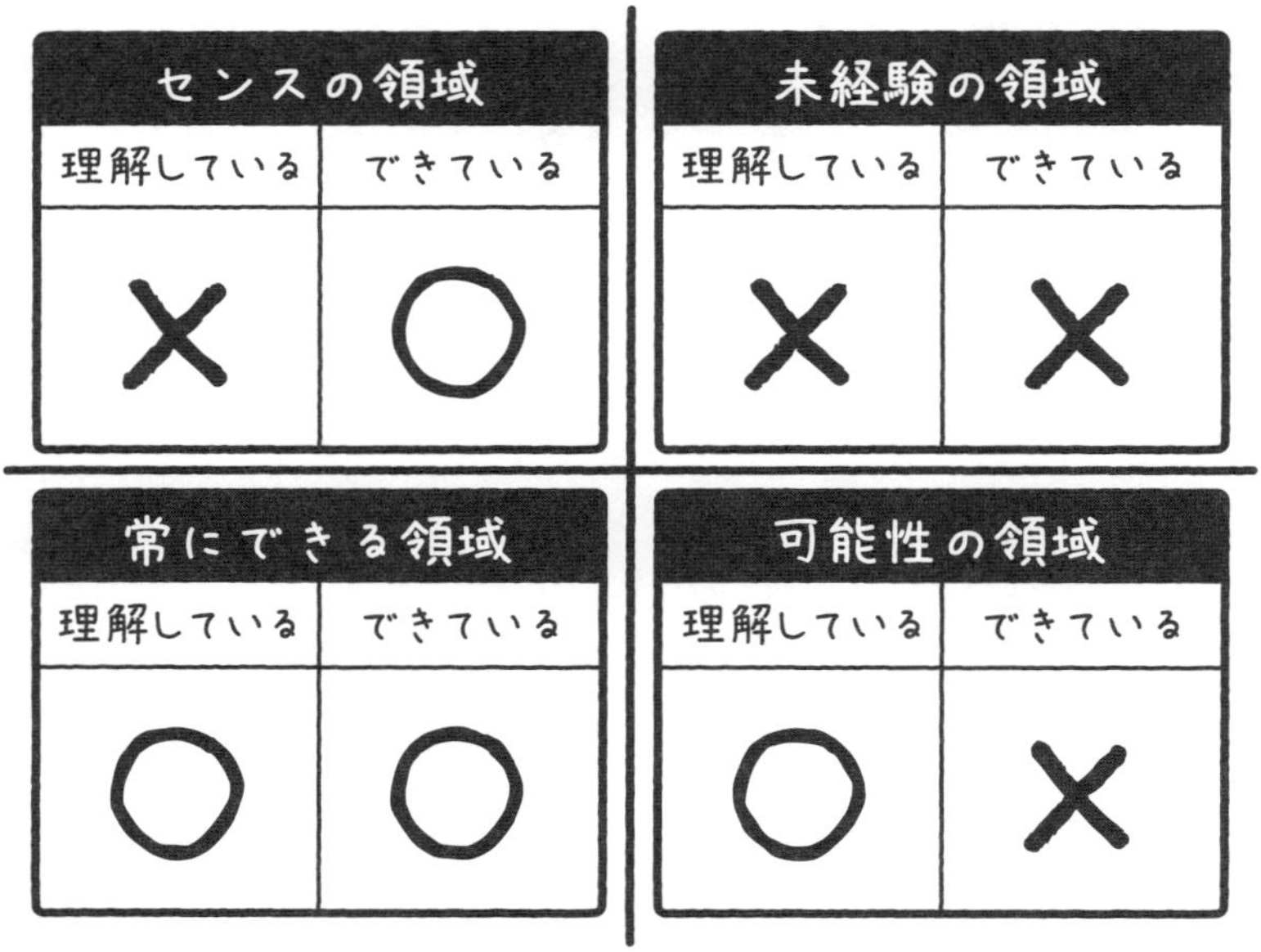
センスの領域
理解している
できている
×
○
未経験の領域
理解している
できている
×
×
常にできる領域
理解している
できている
○
○
可能性の領域
理解している
できている
○
×

4 つの領域

「そのつもりで持ってきたから、大丈夫だよ」と答えながら、まことは苦笑した。

「この4つの領域のどの領域に該当するかが分かると、育て方が見えてくるよ」

かえでは、書きとめたメモを振り返りながら、確認した。

「全体の問題の解決方法は、前工程の原因を探してルールを作っていく。そして、個別の問題の解決方法は、4つの領域のどこにあてはまるのかを考えて、原因をつぶしていくんですね」

「その通り！　でもまだ、もう1つ大事な領域が残っている。その紙をテーブルの上に戻して」

さくらは、再度、紙をマジマジと見ながら、「最後の『センスの領域』って何だろう？」とつぶやきながら、まことの方に紙を戻した。

ポイント　**問題の原因を見つける4つの領域**

- ●問題の事象を見るのではなく、それが起こっている原因を探す。
- ●問題点の原因は前工程にあり、影響は後工程に現れる。
- ●未経験の領域は、イメージに焼きつくまでやって見せて、再現させていく。
- ●可能性の領域は、時間を区切って反復させる。

24 できないことを責める前に、できていることを探す

できていることを見逃さず、できている理由を考える

「『できているのに理解していないセンスの領域』が見逃しやすいんだけど、この領域が一番難しいんだ」

まことは、真剣な表情で口を開いた。

「できているのに理解していない、ってどういうことですか？」

かえでは意味が分からず、さくらと顔を見合わせて首をかしげた。

「かえでちゃんとさくらちゃんは、店舗の業務を一通りこなすことができるよね。それなのに、なぜ教えることが苦手なんだろう？」

「できているのに、教えられない？　確かにそうですね。あれっ、何でなんだろう？」

かえでは困惑した表情を見せた。

「それは、体系的に理解しているんじゃなくて、何となく理解しているからだよ。なぜそうなっているかというと、自分たちが見よう見まねで何となく覚えてしまって、体系的に教わっていないから、新人スタッフに対しての説明が難しいんだ。でも、実際はできているんだから、なぜ自分たちができているかを体系的に理解できれば、毎回誰に対しても

同じように教えることができるようになるのさ」

「私たちも、弥生ちゃんの後ろ姿を見て、何となく覚えていった感じだから、完全に、感覚で学んだ派なんですよね」とかえでは舌を出した。

「日本のスポーツの世界でも形にこだわるのは、迷ったときに基本の形に戻って考えられるようにするためなんだ。野球のバットの構え方や振り方、テニスのラケットの握り方、水泳の泳ぎ方を最初に教えることにも意味があるんだよ。でも、基本の形を理解せずに覚えていくと、迷ったときにどこに戻ったらいいのか分からない。それって困るよね」

「でも実際には、教える側ができてることを再度教えるなんてしないですよね」

かえでは、小さく息を吐いた。

「それが問題なんだ！　できないことを教えることは大事だけど、最初はできていることの理由を見つけだして、相手に教えてあげることが重要なんだ。1つ聞くね。かえでちゃんは、いつも笑顔がステキでチャーミングだけど、どうやってそれをやっているのか教えてもらってもいいかな？」

「そんなこと、考えたこともないですよ」とかえでは、照れながら答えた。

「そうだろう。でもチャーミングな笑顔を作れない子もいるっていうことは、そこには明らかに差があるんだ。その差の理由が理解できたら、確実にチャーミングな笑顔ができるようになる。もう1つ、気分が滅入っているときに、その笑顔を作るのは難しいだろう？　でも仕事場では、気分に関係なく笑顔でいないといけない。これが体系的に笑顔の作り方が理解できていると、気分に関係なく再現できるのさ」

「まことさん、私は、なぜチャーミングな笑顔ができているんですか？」

無邪気に笑いながら、かえではまことに質問をぶつけた。

「かえでちゃんは、人の心を溶かすマジシャンだからね。かえでちゃんは、声をかけられたときに、笑顔を作ってから顔を上げて振り向くようにしている。それに、少し右に顔を傾けることで、やさしい雰囲気になっているんだよ。今までは無意識にやっていたかもしれないけど、これからは意識してやってみよう」

「そんなこと、考えたこともなかった。でも、それを意識すると、気分に関係なく再現できますよね」とかえでは満面の笑みを浮かべた。

「さくらちゃんは、お客さまの要望をくみ取ることが誰よりも早いね」

「改めて言われると、照れますね」とさくらは頭をかいた。

「毎回、どうやって再現しているんだろう？」

「意識せずに動いています」

「さくらちゃんは、お客さまのテーブルを見る際に、お食事の進み具合だけじゃなく、無意識のうちにお客さまの顔も見て、目が合うと笑顔で近づいてお声がけしているよね。無意識に目が合うということは、何か用事があるサインだと察知しているんだ。それに、声がけを疑問符で終わる言葉にすることで、お客さまの要望をさりげなく引きだせているんだよ」

「私、何て言っていますか？」

「『ゆっくり楽しんでいただけていますか？』『お食事はいかがでしたか？』『寒くないですか？』が多いけど、この言葉は、お客さまを不快にせず会話を引きだせるいい言葉だ。この言葉をかけられることで、お客さまに用事があるときは声をかけやすくなるのさ」

「言われてみると、無意識に口から出ています」とさくらは答えた。

「次からは意識してやってみようね」

「はい、テクニックとして、スタッフに伝えていきます」

なぜできているのかを理解できれば、他のスタッフに教えられる

「人は、家庭環境や社会環境の中で、感性で何となくできていることがあるんだ。なぜそれができているかを相手に理解させてあげると、それが個性に変わって、確実にできるようになる。無意識でやっていることを理解させて、意識してできるようにするのさ」

「できていることをほったらかしにせず、なぜできているかを理解させることが大事なんですね」とかえでは頷いた。

「なぜできているのかが理解されると、今度はそれを他のスタッフに教えて全員が同じようにできるようになるから、教育のスピードが格段にあがるんだ」

「でも、できていることは分かっても、その理由を探しだすのって難しくないですか？」

「かえでちゃん、そこがこの『センスの領域』が一番難しいゆえんだよ。でも、ここにもコツがあるのさ」

「コツですね！」とさくらは、両手で手招きしながら、その答えを呼び寄せた。

「さっき触れたけど、1つひとつの作業ができる人もいれば、できない人もいる。だから、その差を探すんだ。その差が、できている理由になるってこと。でも、これは訓練が必要だから、まずはできていることをどんどん見つけて、それを相手に伝えて理解させてあげてほしいんだ。かえでちゃんとさくらちゃんは、できていることが多いから、改めて自分ができていることの理由を考えると、教え方も変わってくると思うよ」

「面白い！　まずはお互いができていることを褒め合って、その理由を考えていこうよ」

とさくらは、かえでの肩を軽く叩いた。

「さくらちゃん、いいこと言うね。もうすぐスタッフも集まってくるから、最後にこれを応用して、お店の雰囲気をさらによくしていく方法を伝えて、今日は終わりにしよう」

「まずは試しに、やってみます」とかえではまことを見つめ返した。

「かえでちゃんのその行動力が、このお店を支えているんだよ」

そう答えた後、まことは目の前の珈琲をゴクッと飲んで、話を続けた。

ポイント　できないことを責める前に、できていることを探す

●できていることは見逃さずに、できている理由を考える。
●理解することで、相手に教えられるようになる。

25　できていることを褒めて育てるハートリンクカード

できていることをみんなで共有するカード

「かえでちゃんもさくらちゃんも、褒められるのって嬉しくない？」

「そりゃあ、嬉しいですよ。私、褒められて伸びるタイプだと思うの」

さくらは答えながら、かえでに同意を求める視線を投げた。

「でも、日本人って、なかなか人を褒めないんだよね」

「確かに、できないことはあれこれ目につくのに、できていることって見逃がされている感じがします」とかえではまことの言葉に相づちを打った。

「かえでちゃんの言う通り！　できていることを探す方が難しいんだよ。だから、真剣に見ないと見つけられないいんだ」

「それを見つけるのって、どうするんですか？」と、さくらがまことに答えを尋ねた。

まことはカバンの中から何かを取りだして、テーブルに置いた。

「これが、うちのお店の秘密兵器さ」

「何ですか、このハート型のカードは？」

かえでとさくらは、不思議そうにテーブルに置かれたカードを見つめた。

「このカードが、スタッフを育ててくれるんだよ」

まことは、かえでとさくらの顔を交互に見ると、子供っぽく笑った。

「うちの店では、月に一度、このカードを、パート・アルバイトさんも含めた従業員全員に配るんだ。カードには、次の5つのことを書いてもらう。1つめが『日付』、2つめが『渡す相手の名前』、3つめが『その人ができていること』、4つめが『自分の名前』、そして、5つめが一番難しいんだけど、『カードに書いたできていることが、なぜできているのかの理由』。それを考えて、カードの裏面に書く」

「それって、おのおのが、違う人を選んで書くんですか？」とかえでは尋ねた。

「そうだけど、1つだけルールがある。それは、その月に一番頑張っていた人・輝いていた人を選ぶこと。つまり、選ぶ人の主観で、選ばれる人がバラバラなのがこのカードのいいところなんだ。みんなの見る視点が違うからこそ、それぞれの人のいろんないいところが書かれるってわけさ」

「一人では気づかないことを、みんなで見つけだすことができるんですね」とかえでは、なるほどとポンと手を叩いた。

「全員参加で、それぞれのできているいいところを探すようになるから、お互いの行動を意識して見るようになる。そうすると、確実に気づきが早くなって、素早くフォローもできるようになるんだ」

「お互いのいいところを探し合うと、お店の雰囲気もよくなっていきそうですね」とさくらが相づちを打った。

「さくらちゃん、喜ぶのはまだ早いよ。もっとすごい効果があるんだから」

さくらは、持っていたペンを高く上げて、「何でも書きとめますから、早く教えてください」と元気よく言った。

恥ずかしさを共有すると、お店の雰囲気がよくなる

「1つめは、全員が書くことで、考える力がついてくること。できていることは目で見

えるから見つけることができる。そのできていることの理由を考えることで、全員に考える癖がつくんだ。考える癖がつくと、できないことについても理由を考えられるようになってくるんだ」

「考える癖がついているから、まことさんのお店は、みんなのフォローが早いんですね」

「かえでちゃん、ありがとう」とまことは、かえでに頭を下げた。

「2つめの効果は、書いた人が、書かれた人に読み上げて渡すことで生まれる。最初、全員いやがるんだけどね」

「できていることを言うのって、つまり面と向かって褒めるってことでしょう？　恥ずかしいですよ」とさくらが、頬に両手を当てた。

「さくらちゃん、ポイントはそこだ！　読んでカードを渡す方も、読まれてカードをもらう方もどちらも恥ずかしい。恥ずかしいことを共有することで、スタッフ同士の仲が一気によくなるんだ。すると、確実に店の雰囲気がよくなるのさ。それが2つめの効果！」

「恥ずかしさの共有なんて、学生のときの恋バナみたい。でもワクワクしちゃう」とさくらは目をしばたたかせた。

「さくらちゃんのことを書いてくれた人がいると、次はその子のことを真剣に見るようになる。だからポジティブな思いを連鎖していけるんだよ」

「やっぱり、まことさんは店舗運営の天才ですね。このカードにそこまで考えが詰まっ

表面
できている事象を記載
裏面
できている理由を記載
日付
○○さんへ
笑顔がいつも素敵で、
周りの環境を常に
明るくしてくれています。
○○より
誰かに声を掛けられた際に、
笑顔を作ってから顔を上げ、
振り向くように心がけて
いますね。

ハートリンクカード

ているなんて！　でも、書くことが見つからない子もいるんじゃないですか？」

「さくらちゃん、いいところを突くね〜。そういう子でも書けるようになる方法があるんだよ。それは、『(××さんは)〇〇について努力しています』と書くんだ。そして、裏面に『(××さんは)なぜ努力しているか』を考えて書く。それは、仕事を一人前にこなして、みんなと同じように働けるようにするためだよね。つまり、助けになるためなんだから、『(××さんは)いつもみんなのことを考えて、助けてあげようと意識しています』と書けばいい。努力していますには、意識していると書くことで、書かれた子は、書かれた内容を意識しだして、できるようになるスピードが速くなっていくのさ」

「なんだか、すごいカードに見えてきました！」

かえでは感激の声をあげた。

「とても効果のあるカードだよ。お店の雰囲気がすごくよくなるから、その雰囲気がお客さまにも伝わって、2、3カ月で売上につながるようになるのさ」

「記載されたカードを渡された人は、その後、そのカードをどうしているんですか？」

かえでは、まことに尋ねた。

「カードは、全員の名前が書かれたボードに貼りだすんだ。カードを書きはじめたころって、やっぱり近いポジションの人のことを書くことが多いよね。でも、ボードに貼りだされると、スタッフ全員がカードを見るから、ポジションが違っていても、この人はこんなことができているんだって分かるようになる。よく読むと、その人の人間性も見えてくるから、いらぬいさかいも減ってくるんだ。人に対する見方も変わってくる。これがこのカードの３つめの効果だ」

かえでもさくらも、まことの話に聞き入っている。

「最大の効果は、できていることの理由が書いてあるから、どうすればできるようになるのかが早くスタッフ全員に広がること。よく分からなければ、直接その人に確認することもできるよね。半年くらい経つと、できる人のできる秘密がどんどん分かってくるから、その人自身が一番自分の行動を理解できるようになって、より教えるのがうまくなるのさ。なかなか声がでない子でも、隠れたいい面が見えてきたりするよ」

「いいことづくめじゃないですか〜。さくら、今月から早速みんなに説明して、やってみようよ！」とかえではさくらに同意を求めた。

「このハート型の紙って、どこで売っているんですか？」とさくらはまことに尋ねた。

「１００円ショップに売っているよ。でも、そう言うと思って買ってきたから。この１００円が、数十万の価値に生まれ変わるんだ」と言って、まことはハート型の紙をテーブルに出した。そのとき、入口から新人スタッフが入ってきた。

「おはようございます」

「おはよう！」

かえでとさくらが新人スタッフにかけた朝の挨拶に、どことなく余裕が生まれているように、まことは感じた。

ポイント

できていることを褒めて育てるハートリンクカード

●できていることを探そうとすると、お互いをよく見るようになりフォローの風潮が生まれる。
●できている理由を考えることで、考える癖がつく。
●恥ずかしさを共有するとお店の雰囲気がよくなる。
●できていることを互いに公開することで、できるようになる理由が早く広まる。

26 お互いの想いを共有する交換日記　～明日への架け橋ｎｏｔｅ

何でも自由に共有して、コミュニケーションをはかる

街に春の温かい空気が流れ、人々の新しいスタートを応援し、後押ししているようだった。そんな温かい夕暮れどき、まことは、静かに四季彩のドアを開けて入ってきた。

「まことさん、開店1周年の記念イベントは明日ですよ」

昼の喧騒も一旦落ち着き、夜に向けての準備を整えたかえでとさくらが、カウンターで珈琲を囲んでイベントの最終確認をしていたときだった。

「分かってるよ。1周年を前にプレゼントを持ってきたんだ」

さくらは、にやにやしながらまことに近づいていった。かえでは、「まことさんからいただけるものは、何でもありがたくちょうだいします」と声をかけて、新しく入れた珈琲をまことの前に置いた。

まことは、さくらにうながされながら、カウンターの真ん中の席に座った。そして、おもむろにカバンの中から1冊のルーズリーフのノートを取りだした。

「明日への架け橋ｎｏｔｅ……、ですか？」

かえでは、表紙に書かれた文字を読みながら、どう反応してよいか分からずにいた。

「これは、店舗のみんなで築いていく交換日記なんだ！」

「四季彩にも連絡ノートがありますけど……」とさくらが答えた。

「さくらちゃん、連絡ノートは業務の申し送りをするものだよね。でも、これは違う。これは、絆を築いていくノートなんだ。かえでちゃん、表紙に書かれている運用方法の説明を読んでみて」

かえでは、まことに言われたとおり、声にだして読みはじめた。

明日への架け橋ｎｏｔｅ

このノートは、みなさんの自由な意見を集めて、一歩一歩、スタッフ間の絆を未来へ前進させていくためのものです。

職場でみなさんが仕事を楽しめていないと、お客さまも楽しむことはできません。楽しさは、一人より二人、二人より三人と大勢でコミュニケーションをはかるほど、大きなものに変わっていきます。

楽しさを生みだすためには、お互いの理解が大事です！

このノートでお互いの想いを共有し、自由に自分なりのコメントを入れていってください。全員参加による相互理解が、助け合いにつながります。ぜひ、楽しいチームに育てていきましょう。

【記載内容】

自由です！

・プライベートで悩んでいること、取り組んでいること
・お店でいただいたお客さまからの嬉しい一言、改善のご意見
・人間関係の悩み、相談
・お店の雰囲気などのご意見
・気づいた改善点
・みんなで実施したい内容

何でも大丈夫です。
日付、お名前、自由意見、下半分はみなさんからのコメント欄として、あけておいてください（たくさん書きたい方は、気にせずいっぱい書いてください）。
みなさんの想いを共有し、お店の中での信頼関係を築き、最高に輝けるチームを作っていきましょう。

時間帯の違うスタッフの考えも理解できる

読み終えたかえでは、「これって、スタッフとの交換日記ですか?」とつぶやいた。

「それを店舗の全員で実施するのさ。店には、幅広い年齢層の人がいるだろう? かえでちゃんやさくらちゃんのような30代前半の人や、スタッフも主婦から学生さんまで。その人たちと一対一で話すより、横につながってみんなで対話する方がいいと思わない?」

「私は一人ひとりと話すことが多いから、お互いにどういうことを考えているのか分かっているけど、昼の主婦のスタッフと夜の学生さんたちは、一緒になる時間帯も少ないから、なかなか理解し合うのが難しいかも」とかえでが言葉を継いだ。

「それに、理解しようともしていない感じがしない?」とまことは眉根を寄せた。

「確かに、顔を合わせる時間が短いとお互いに興味も薄くて、あえて知ろうとしないのかもしれないわ」とさくらもまことの言葉に賛同する。

「でも、その人の考え方や意外な一面が見えると、興味も深まるし、それをきっかけに話をしてみようと思うようになるんだ。うちのお店の主婦のスタッフは、卵の安売り話から受験の悩み相談まで、学生のよきお母さん役として、みんなの支えになってくれているんだ。逆に、学生さんは、受験生の悩みやこうして欲しかったなんて話を、子供の立場に立って、主婦のスタッフにアドバイスしたりしているからね」

「今どきのＳＮＳでやるのはダメなんですか？」

さくらの一言に、かえでも小さく頷いた。

「それでもいいんだけど、うちは紙のノートにこだわっているんだ。ＳＮＳの情報は、日々更新されていくから、どんどん流れていくよね。さかのぼって読み返すのが大変だったりしない？　紙のノートなら、いつでも自由に振り返りができる。それに、これはルーズリーフだから、伏せておきたいものは、外してやり取りすることが可能なんだ」

「紙のノートって、便利なんですね」

さくらは、腕組みしながら、真顔で聞き入った。

みんなで作ると見守られている安心感が生まれる

「みんなから意見が集まってくると、確実に絆が芽生えてくる。そうすると、主婦のスタッフが頼れるお母さん役として、みんなのメンタル面を支えてくれるようになるよ」

「今まで、自分たちだけで何とかしなきゃいけないって思いすぎていたのかもしれない」

さくらはふと思いつめたような表情を見せた。

「お店はチームなんだから、みんなにもっと頼ればいいんだよ」

「みんなで作っていくってことは、みんなに見守ってもらっている感じがして、安心感があると思う！」とかえでは感慨深く頷いた。

「安心感って、お店にとって大事だよね」

「でも、誰が最初に書くのか、迷いますよね」とさくらがつぶやいた。

「最初は経営者や店長からスタートするんだ。四季彩では、やっぱりかえでちゃんが一番だね。かえでちゃんが悩みを打ち明けることで、かえでちゃんの人間性が見えてくる。そうすると、みんなもかえでちゃんの悩みについて一緒に考え、協力してくれるようになる。その方が、みんなもその後、書きやすくなる」

「え～、かえで、悩みなんかあるの～」とさくらは、おどけてかえでを指さした。

「経営者の悩みがいつもつきまとっているのよ。でも、私には、まこととさんとさくらがついているから、よくよく考えると悩みなんてないのかもしれないわ。でも、このノート、1周年のプレゼントとして、すごく嬉しいです。大事に重ねていって、お店の絆を築いていきますね！」とかえでは、まことに深々とお辞儀をした。

「それじゃあ、明日の1周年記念イベントの準備、頑張ってね！　いつきも楽しみにしているから、お腹を空かしてこさせてもらうよ」


静かに暮れゆく夕暮れの中、慌ただしく人が流れる街を見ていると、かえでの脳裏にこの1年の取り組みが思い出された。

つぶれかけだったお店が、今は嘘のようにお客さまに恵まれ、明日の1周年祭をみんな楽しみにしてくれている。すべての取り組みが成功したわけではなく、むしろ失敗したことの方が多かった気もするが、あらゆることにチャレンジすることで、勇気と自信がわき、よい形で希望につながったとかえでは思った。

庭を見つめるさくらの背中に、『ありがとうね』と心の中で声をかけたかえでは、「さ・く・ら！　情緒に浸っている場合じゃないわよ。さっさと明日の準備に取りかからないと間に合わないわよ！」と言ってさくらを抱きしめた。

さくらはかえでの背中をポンポンと叩くと、「明日は、私たちの感謝の気持ちを、思いっきり表現していこうよ」と言った。

「明日だけじゃなく、これからもずっとね」

かえでは、さくらと硬く握手をした。

ポイント　**お互いの想いを共有する交換日記　～明日への架け橋note**

● 仕事以外のことを共有することにより、大勢でコミュニケーションをはかれるようになる。
● 全員参加することで、スタッフの間に絆が生まれる。
● 見ていてくれることが安心につながり、お店によい雰囲気を築ける。

終章　経営手腕は2年めからが本領の見せどころ

「かえで、おはよう！」

「どうしたの、さくら。やけに早いじゃない！」

「だって、1周年の日なんだって思うと、興奮して眠れなかったの」

「実は私も、昨日の夜、この1年間の出来事を振り返ってたの。思えば失敗の連続だったけど、めげないで次から次にチャレンジしてこれたのは、スタッフみんなの支えがあったからだって、改めて感じ入っちゃった。それで、想い出を振り返って、みんなに感謝の手紙をしたためてきたの！」と言って、かえではほほ笑んだ。

「私は、これまでの想い出の写真を綴って、お店のストーリーブックを作ってきたの」

さくらは、フォトブックを自分の顔の前で振りながら、「同じようなこと考えるんだ！私たち、やっぱり、似たもの同士だね」とほほ笑み返した。

駅で会ったかえでとさくらは、朝の静かな駅前通りを足早に歩きながら、見慣れた景色がいつもと違っているように思えた。

春の温かい日差しが庭に降り注いでいる。鮮やかに開花したしだれ桜のピンクの花が、風に揺れながら、お客さまを歓迎するように踊っている。

四季彩の1周年を祝う客たちが、絶えずお店に入ってきた。みんな、駅前の喧騒を忘れさせる空間を思い思いに楽しみながら、談笑していた。

「かえで、1周年おめでとう！」

そっと声をかけたさくらは、かえでにスピーチをうながした。

「みなさん、この1年間、四季彩を温かく見守り、支えてくださったこと、心より感謝しております……」

想いのこもったかえでのスピーチは、大勢の客たちの和やかな空気に包まれた。感激のあまり、かえでは思わず涙をこぼした。どこかから、「頑張って」の声がかかる。スピーチを終えた壇上のかえでに、はなむけの大きな拍手が送られた。拍手はしばらくの間、鳴りやまなかった。

「さくらも上がって」

周りのスタッフに背中を押されて、さくらもゆっくりと檀上に上がった。

「さくら、1年間、本当にありがとう」

かえでの言葉を聞いて、がむしゃらにチャレンジを続けてきたこれまでの姿が思い返されて、さくらの顔も涙でクシャクシャになった。

「かえで、これからもよろしくね」

二人は、お互いの腰に手をまわし、もう一方の手で薄いピンクのロゼワインを傾けた。

「開店1周年を記念して、かんぱーい」

威勢のいい乾杯の声が店内にこだました。

一番奥の席で、笑顔でグラスを揺らすまことと、いつきに気づいたかえでとさくらは、一目散に二人に近づいていった。

「まことさん、何とか1周年を迎えることができました」

「お疲れさま。かえでちゃんもさくらちゃんも、立ち止まらずによくチャレンジを続けてきたね。それが実ったから、こうして笑顔で1周年を迎えることができたんだと思うよ。本当におめでとう」

そう言うと、まことは、かえでとさくらに握手を求めた。

「私、最初に、お客さまが来なくなったとき、何をすればいいのか分からなくて、不安だけが重くのしかかってきて動けない自分にヤキモキしていたの。あのとき、まことさんの顔が浮かんでなかったら、今日を迎えられていなかったと思います」

涙で顔を腫らしたかえでが、まことに頭を下げた。

「かえでちゃんの、しっかりした『美味しい料理という技術』の前輪があったから、後は、『経営ノウハウという戦い方の技術』の後輪が動けば走りだせると思っただけだよ」

「つまり、私たちの努力の賜物っていうことですね！」

さくらのおどけた答えに、「くよくよしていても、毎日は無意味に過ぎていくだけだからね。君たちの前しか向かずに行動した結果だよ」とまことは首を縦に振った。

さくらは、笑顔で胸を張った。

「ほんと。さくらの明るさに何度救われたことか」とかえでは、さくらにも頭を下げた。

さくらは、再び涙目になりながら、「婦人警官上がりで、経営のことは何も分からなかったけど、周りのお店のチャレンジしている姿を意識して見るようになってから、私たちらしいアイデアがどんどん浮かんできました。しんどさを忘れて楽しく前進できたと思います。それもこれもみんなまことさんのおかげです。まことさん、ほんとに、ほんとに感謝しています」と深々と頭を下げた。

「さくらちゃん、やめてくれよ。笑ったり泣いたり、忙しんだから」

さくらの頭をクシャクシャに撫でながら、まことも、二人の頑張る姿を思いだして、目にうっすらと涙を浮かべた。

「でも、まだ1年め。経営手腕は2年めからが本領の見せどころ。これからだよ」

「えーっ、まだ続くんですか～！」

かえでとさくらは、声を合わせて叫ぶと、じりじりとまことから遠ざかった。

「と言うことは、これからも、まことさんのお店に邪魔しにいけるってことだね」

さくらが、かえでをひじで突いた。かえでは頷いた。かえでとさくらは声を合わせて、「これからもよろしくお願い致します！」と、何か企む微笑を浮かべてお辞儀をした。

それを見ていたいつきが、「お話は終わりましたか？　今日は約束どおり美味しい料理をお腹いっぱいご馳走になりにきたんですからね。覚悟してくださいよ。それじゃあ、かえでさんとさくらさんは、みなさんに挨拶にまわった、まわった！　私は、これからが本番ですから。邪魔しないでくださいよ」と食事を頬張る真似をすると、まことと腕を組んで食事の置いてあるテーブルの方に歩いていった。笑顔の素敵ないつきは、いつも場を一瞬で和ませる。すごい才能だとかえでは、その楽しそうな後ろ姿を見送った。

さくらは、改めてかえでの顔を見ると、「経営ノウハウか〜」とつぶやいた。かえではさくらの言葉を受けると、「これからも、いっちょやっていきますか」と言って大きく深呼吸をした。

心地よい爽やかな空気が、かえでとさくらの周りを流れ、未来を指し示すように天に昇っていったようだった。しだれ桜の前に立つさくらとかえでの姿は凛としていた。

それは1年前とは比べ物にならない自信に満ちた、迷いのない姿だった。

おわりに

ここにすごいプロ野球選手がいます。打率3割5分のヒットメーカーです。しかし、こんなすごいバッターでも65%は失敗しているのです。日々、改善や修正を重ねることによって、打率3割5分という輝かしい成績に結びついているのです。

私たちは、一度の失敗を恐れすぎているように思えます。もしくは、一度の失敗ですぐに諦めてしまっていることが多いようです。

私もコンサルタントとして、改善のために様々な店舗に伺いますが、ほとんどのオーナーの口から、「やってみたけど、だめだった」という台詞を聞きます。そのとき、私は必ず尋ねます。「それは、やり続けたけれどだめだったのですか?」と。

素人の状態から飲食店経営をはじめた人が、いきなりすべてを成功させようなんて、虫のいい話だと思いませんか?

私が店舗経営をはじめたときも、失敗の連続でした。コンサルタントとして活動しながら、利益が出ていない実情を見て、本当に恥ずかしいかぎりでした。

経営ノウハウについても様々な理論を研究し、開店する前は自信しかありませんでした。しかし、現実は厳しいものでした。理解したつもりの理論も、頭の中で考えるのと実際にやってみるのとでは、まったく違いました。

チャレンジし続けた結果、気づいたことがあります。それは、テッパンで成功していたイベントも、地域が変わり、客層が変わるとまったく異なる反応が現れるということです。同じ客層でも、住んでいる地域の人のお財布事情によって変わってくるのです。さらに、昼業態と夜業態でも違います。つまり、『100%成功するものは存在しない』ということに気づいたのです。悲しいかな、やってみないと分からないということです。

しかし、やり続けて失敗を重ねていくことで、どんどん自分たちのお店の周辺のお客さまの行動動機が見えてきます。失敗は成功への道標なのです。


今回、書籍を執筆するにあたり、できるだけ多くの実践事例を入れました。できれば、迷う前に、まずは実践してほしいと思います。やり続けることで、お客さまの顔がぐっと近づいて、反応が手の中で動きだします。そして、実践を繰り返した人には、半年以内に確実に客数増という形で返ってくることをお約束します。なぜなら、私のお店も、私が改善を手がけたお店も、この手順を踏んで実施し、成功してきたからです！


みなさんのお店がお客さまに支持され、今後も支持され続けていくことを切に願っています。そのためには、立ち止まらずにチャレンジを続けていきましょう！

世の中の一番身近な余暇である外食を通して、お客さまの笑顔をサポートしていけることを嬉しく思っています。

最後に、ここまで読み進めていただき、心より感謝いたします。私が店舗経営に行き詰まったとき、肩の力を抜いてくれ、明日へチャレンジをさせてくれた中島孝治氏、10年以上の長い期間セミナー活動を支援してくれている株式会社アスター、株式会社寺岡精工のスタッフのみなさまに心より感謝申し上げます。そして、これまでの活動を改めて振り返らせていただき、執筆の機会をくださった株式会社ペンコムの増田幸美さま、橋本直樹さま、本当にありがとうございました。何より、いつも私を支え、共に店舗運営のチャレンジを繰り返し実施してくれているMamezo&Caféの同志！　この最高のチームには感謝の気持ちでいっぱいです。

今後も、みなさまには、全国のセミナーでお会いできる機会があると思いますので、ぜひ、気軽にお声がけください。みなさまのチャレンジをお聞きできれば幸いです。

株式会社アップターン　代表取締役

東海林健太郎

巻末資料

損益分岐表

		金額	構成比	客数		構成比
売上高				客単価		
変動費合計				変動費単価		
変動費	商品仕入高（食材原価）					
	人件費（パート・アルバイト給与）					
	その他諸経費合計					
変動利益				変動利益単価		
固定費						
経常利益						

記入例

		金額	構成比	客数	3,125	構成比
売上高		2,500,000		客単価	800	
変動費合計		1,500,000	60%	変動費単価	480	60%
変動費	商品仕入高（食材原価）	750,000	30%			
	人件費（パート・アルバイト給与）	500,000	20%			
	その他諸経費合計	250,000	10%			
変動利益		1,000,000	40%	変動利益単価	320	40%
固定費		1,000,000				
経常利益		0				

26の秘訣 チェックリスト

1	□	コンセプト（店の目指す方向性、お客さまに感じてほしいもの）を明確にする
2	□	客層を絞り込み、店の方向性とお客さまの利用目的を明確にする
3	□	商圏は狭い地域に絞り、商圏内の一番店になるための工夫をする
4	□	入口では『中の雰囲気』『こだわりのメニュー』『価格』を表現する
5	□	入口は、季節感や売りの商品を全面に出し、変化を表現する
6	□	売りたい商品を写真付きで大きく表現し、セット化して客単価アップを目指す
7	□	30 ～ 50 文字の言葉でコンセプトやこだわりメニューのメッセージカードを作成する
8	□	五感と擬音を入れた表現でお客さまにメニューを説明する
9	□	損益計算書を、『固定費』と『変動費』に分け、収支の管理を簡易にする
10	□	目の前にいるお客さまにコンセプトを伝え、新しいお客さまを連れてきてもらうようにする
11	□	インセンティブ交換のタイミングが短く、期日を設けたポイントカードで優良なお客さまの情報を集める
12	□	お客さま参加型のイベントを催し、お客さま同士の横のつながりを作っていく
13	□	客単価を上げるために『ファーストオーダー推奨』『バッシング推奨』『最後のメニュー推奨』のタイミングをはかる
14	□	推奨で追加された商品は、食材費を除いてすべて営業利益になる
15	□	情報をしっかりと伝え、ショートポーションにして価格を上げる
16	□	Ｆ・Ｌ・その他諸経費合計のロスは、直結して利益が失われるため、徹底的に抑える
17	□	お客さまが減る月は、お客さまが一番多く来店する曜日に合わせてイベントを行う
18	□	新人スタッフには、毎日発生する作業しか教えない
19	□	作業は、形を見せながら説明する
20	□	店のルールは、真似からはじめ、次にオリジナルを認め、変える場合は全員が変えてから、再度それを守るようにする
21	□	教えたことは、その日のうちに振り返りの時間と実演の時間を設け、必ずチェックする
22	□	マニュアルは、ベテラン社員に、毎日発生する業務だけを抜きださせて作成する
23	□	問題が起きている原因を4つの領域から探しだし、個別に対策を考える
24	□	できていることを見つけだし、できている理由を考えると、別の誰かにも教えられる
25	□	ハートリンクカードで、なぜできているのかを書き合って、お互いをよく見る風潮を作る
26	□	交換日記で、仕事以外のことを共有し、コミュニケーションをはかって、絆を深める

東海林　健太郎（しょうじ　けんたろう）
株式会社アップターン　代表取締役
1968年6月生まれ。大阪府出身。
三菱電機系システム会社にて、製造業を中心に業務改善活動に取り組み、コンサルタント会社を立ち上げた後、独立し飲食店の経営に乗り出す。現在、大阪、神戸の3店舗（Mamezo&Café）の経営を行いながら、全国で外食企業の収益改善セミナーを10数年実施。これまでに受講した店舗は1万店を超え、『現場に根差した業務改善活動』『直ぐに使える店舗ノウハウ』『一週間で育てる人材育成』には定評がある。変化が早い時代背景の中、自店を中心に検証を繰り返し、失敗から学び成功へ導くための手法を現場スタッフとともに簡単に活用できるところまで落とし込み、そのノウハウをセミナーと執筆活動、個別コンサルを通して全国の飲食店に届けている。
Mamezo&Café　ホームページ http://www.mamezo.co.jp/

待ったなし！　お金をかけない飲食店再建術
～お店をよみがえらせる26の秘訣～

2015年3月21日発行　第1刷発行

著　　者　東海林　健太郎
発 行 者　増田幸美
発　　行　株式会社ペンコム
〒673-0877 兵庫県明石市人丸町 2-20　http://pencom.co.jp
発　　売　株式会社インプレス
〒101-0051 東京都千代田区神田神保町一丁目105番地
TEL : 03-6837-4635

■本の内容に関するお問い合わせ先
株式会社ペンコム　TEL : 078-914-0391　FAX : 078-959-8033

■乱丁本・落丁本のお取替えに関するお問い合わせ先
インプレス　カスタマーセンター
TEL : 03-6837-5016　FAX : 03-6837-5023

乱丁本・落丁本はお手数ですがインプレスカスタマーセンターまでお送りください。送料弊社負担にてお取り替えさせていただきます。但し、古書店で購入されたものについてはお取り替えできません。

印刷・製本　三共グラフィック株式会社

ISBN:978-4-8443-7677-4　C0063